Soziologie und Statistik

Von

Dr. Franz Žižek
Privatdozent an der Universität Wien

Verlag von Duncker & Humblot
München und Leipzig 1912

Alle Rechte vorbehalten.

Altenburg
Pierersche Hofbuchdruckerei
Stephan Geibel & Co.

Inhaltsverzeichnis.

Bestrebungen zwischen der Soziologie und der Statistik engere Beziehungen herzustellen, Gründung der Deutschen Statistischen Gesellschaft als Abteilung der Deutschen Soziologischen Gesellschaft (S. 1). Soziologie und Statistik im System der Wissenschaften (S. 2). Den Gegenstand der Untersuchung bilden die materiellen Beziehungen zwischen Soziologie und Statistik (S. 3). Ähnliches Forschungsobjekt der beiden Disziplinen (S. 4). Trotzdem bisher geringer Kontakt, Comte und Quetelet, geringe Bewertung der Statistik bei Lilienfeld und Gumplowicz (S. 4). Ursachen des geringen Kontaktes zwischen Soziologie und Statistik (S. 6). Bedeutsamkeit der Statistik für die Erforschung der Zustände bei den Kulturvölkern (S. 7). Dem Zusammenwirken von Soziologie und Statistik günstige Äußerungen -- Schäffle, Loria, Achelis, Eisler, Tönnies, Neumann-Spallart, Reichesberg, De Greef, Durkheim, Tarde, Coste -- (S. 10). Welche statistischen Daten sind für die Soziologie bedeutsam? (S. 17.) Begriff der »Sozialstatistik« (S. 18). Eine Zusammenfassung des gesamten für die Soziologie in Betracht kommenden statistischen Wissens hat bisher nicht stattgefunden (S. 20). Statistische Daten, die mehreren Teilgebieten der Statistik angehören (S. 21). Daten, die verschiedenartige Momente im Verhältnis von Ursache und Wirkung darstellen (S. 21). Statistische und soziologisch-statistische Monographien (S. 22). Beispiele von soziologisch bedeutsamen statistischen Aufschlüssen mit Berücksichtigung der Anregungen, welche die Soziologie der Statistik zu geben vermöchte (S. 23). 1. Struktur der Gesellschaft (S. 25). 2. Zeitliche Konstanz der gesellschaftlichen Zustände und Erscheinungen (S. 28). 3. Kausale Beziehungen (S. 32). 4. Rassenbiologie und Rassenhygiene (S. 39). Schlußbemerkung (S. 46).

In letzter Zeit sind in wachsendem Maße Bestrebungen zu Tage getreten, zwischen der Soziologie und der Statistik engere Beziehungen herzustellen, bei soziologischen Untersuchungen wird vielfach statistisch vorgegangen, die Statistik setzt sich »soziologische« Ziele. Symptomatisch ist namentlich die am 17. Juni 1911 in Dresden erfolgte Gründung der »Deutschen Statistischen Gesellschaft« als Abteilung der »Deutschen Soziologischen Gesellschaft«, wobei offenbar die Absicht waltete, eine wissenschaftliche Kooperation der beiden Gesellschaften herbeizuführen [1]).

Eine Untersuchung der Beziehungen zwischen Soziologie und Statistik dürfte daher nicht unzeitgemäß sein. Namentlich wird auch der Erfolg der geplanten Kooperation zwischen der Deutschen Soziologischen und der Deutschen Statistischen Gesellschaft von der Art der Beziehungen abhängen, die zwischen den von den beiden Gesellschaften gepflegten Disziplinen bestehen. Es soll daher auch insbesondere untersucht werden, in welcher Weise sich Soziologie und Statistik gegenseitig unterstützen und fördern können, was eine Disziplin der anderen an wissenschaftlichen Aufschlüssen und Anregungen zu bieten vermag.

---

[1]) Nach dem Gründungsstatute der Statistischen Sektion der Deutschen Gesellschaft für Soziologie wird bei dieser Gesellschaft eine Sektion errichtet zur Pflege der statistischen Wissenschaft und ihrer Forschungs- und Lehrmethodik. Diese Sektion führt den Namen »Deutsche Statistische Gesellschaft«, sie ist hinsichtlich ihrer inneren Organisation und Tätigkeit autonom, doch sind im übrigen mannigfache Beziehungen zur Gesamtgesellschaft vorgesehen: Der Vorsitzende der Sektion ist kraft seines Amtes Mitglied des Gesamtvorstandes der Gesellschaft für Soziologie, dieser ist umgekehrt durch eines seiner Mitglieder im Vorstand der Statistischen Sektion vertreten, die Bureau-, Kassen- und Buchführung ist gemeinschaftlich, zu den Vorträgen in der Sektion haben alle Mitglieder der Gesellschaft für Soziologie Zutritt, in Jahren, in welchen ein Soziologentag stattfindet, sollen Ort und Zeit einer etwaigen Tagung der Sektion mit diesem zusammenfallen oder sich an ihn anschließen. Die Sektion hat Anspruch darauf, daß auf den Soziologentagen in gleichberechtigter Abwechslung mit anderen Sektionen ein Thema ihrer Wahl unter die Hauptvortragsthemata aufgenommen wird. Ferner hat sie Anspruch darauf, sofern eine wissenschaftliche Unternehmung der Deutschen Gesellschaft für Soziologie sich auch auf statistische Erhebungen oder Arbeiten erstreckt, an deren Leitung mitbeschließend beteiligt zu werden, und zwar auf Verlangen durch von ihr besonders zu bestimmende Vertreter.

Zunächst möchte Verfasser das Thema nach einer Richtung hin einschränken. Die **Beziehungen, die zwischen Soziologie und Statistik vom Standpunkte der Klassifikation der Wissenschaften** herrschen, sollen nur ganz kurz gestreift werden. Soziologie und Statistik werden sehr verschieden definiert und je nach der den beiden Fächern zugewiesenen Stellung im Systeme der Wissenschaften ergibt sich dann natürlich ein verschiedenes Verhältnis: entweder eine Koordination der beiden Disziplinen oder eine auf diese oder jene Art motivierte Unterordnung der einen Disziplin oder bestimmter Teile derselben unter die andere. Insbesondere der Begriff der Statistik ist sehr umstritten. Manche Autoren fassen die auf die menschliche Gesellschaft bezügliche Statistik als eine selbständige, allgemeine Gesellschaftswissenschaft auf, als die Lehre von den sozialen Massen, die dann der Soziologie vollständig koordiniert wird. Diese Auffassung dürfte bei den deutschen Statistikern überwiegen, **Haushofer, v. Inama-Sternegg, Lexis, Conrad** u. a. stehen auf diesem Standpunkte, am entschiedensten vertritt ihn **Georg v. Mayr**[1]). Diese Auffassung schließt natürlich eine Kooperation von Statistik und Soziologie nicht aus, jede der beiden Disziplinen kann die Forschungsergebnisse der anderen für ihre Zwecke verwerten, eventuell die andere als Hilfswissenschaft benützen. Eine zweite Richtung, die insbesondere in England dominiert, aber auch in Deutschland namhafte Vertreter,

---

[1]) G. v. Mayr stellt in seiner »Theoretischen Statistik« (S. 17) den besonderen Gesellschaftswissenschaften (Wirtschaftslehre, Religionswissenschaft etc.) als allgemeine Gesellschaftswissenschaften die Statistik, d. i. die Lehre von den sozialen Massen, und die Soziologie, d. i. die Lehre von den sozialen Gebilden, gegenüber. In »Begriff und Gliederung der Staatswissenschaften« (2. Aufl. S. 12) erweitert v. Mayr die Definition der Soziologie, indem er sie als Lehre von den organisierten sozialen Kreisen (Gruppen und insbesondere Gebilden) bezeichnet, und führt als dritte allgemeine Gesellschaftswissenschaft die Soziallehre (mit Einschluß der Sozialpolitik) d. i. die Lehre von den sozialen Schichten, an. Doch dürfte die Soziallehre in diesem Sinne neben Soziologie und Statistik kaum eine genügende Existenzberechtigung haben. Die Soziologie hat bereits auch das Studium der sozialen Schichtungsverhältnisse aufgenommen, ebenso wird dieses Gebiet mit großem Erfolge von der Statistik mit ihren speziellen methodischen Mitteln bearbeitet.

wie z. B. Wundt, Oncken, Reichesberg zählt, erblickt in der Statistik bloß eine Methode, eventuell eine Methodenlehre, aber keine Wissenschaft im materiellen Sinne. Die statistischen Ergebnisse bilden nach dieser Auffassung keine selbständige Einheit, sondern gehen in den einzelnen in Betracht kommenden besonderen Wissenschaften auf, so die bevölkerungsstatistischen Daten in der Bevölkerungslehre, die wirtschaftsstatistischen Daten in der Nationalökonomie usf. Nach dieser Auffassung würden natürlich statistische Untersuchungsergebnisse von soziologischem Charakter unmittelbar der Soziologie zufallen, die Soziologie würde sich für ihre Zwecke der statistischen Methode bedienen. Zwischen den angedeuteten entgegengesetzten Auffassungen der Statistik vermittelt eine dritte Richtung — in Deutschland insbesondere von Meitzen und Schnapper-Arndt vertreten — welche die Statistik zwar nicht als Wissenschaft anerkennt, sie aber doch als eigenes Studien- und Lehrfach betrachtet.

Die angedeuteten in ihrer Weise ganz interessanten Kontroversen betreffen lediglich die formale Seite der Beziehungen zwischen Soziologie und Statistik d. i. ihr Verhältnis im System der Wissenschaften. Im folgenden soll lediglich die materielle Seite dieser Beziehungen behandelt werden. Dabei soll an keine der verschiedenen angedeuteten Auffassungen über die formalen Beziehungen von Soziologie und Statistik angeknüpft werden — um nicht schon von einem bestrittenen Punkte auszugehen — die materielle Frage wird vielmehr ganz unabhängig von der formalen behandelt. Unter Statistik soll daher im folgenden einfach das auf statistischem Wege erlangte Wissen verstanden sein, mag man ihm im System der Wissenschaften diese oder jene Stellung zuweisen, unter Soziologie die allgemeine Lehre von der Gesellschaft im Gegensatze zu den sozialen Einzelwissenschaften, wie Volkswirtschaftslehre, Religionswissenschaft, Moralwissenschaft, vergleichende Rechtswissenschaft etc. Präzisere Definitionen sind für das zu erörternde Problem nicht erforderlich, würden aber voraussichtlich Einwände veranlassen, die auch den folgenden Ausführungen abträglich sein könnten. Wenn Statistik und Soziologie im folgenden gelegentlich der Kürze halber als »Wissenszweige«, »Fächer«, »Disziplinen«, bezeichnet werden, so ist nach dem Gesagten mit diesen Ausdrücken keinerlei wissenschaftlich - klassifikatorische Charakterisierung beabsichtigt.

Zwischen dem statistischen Wissen und der Soziologie bestehen offenbar **mannigfache Berührungspunkte**. Haben doch beide Wissenszweige dasselbe Forschungsobjekt: die menschliche Gesellschaft und ihre Gesetze. Dabei stimmen Soziologie und Statistik darin überein, daß sie nicht die Darstellung von konkreten Einzelfällen bezwecken, die Forschung ist vielmehr hauptsächlich auf die innerhalb der Gesellschaft bestehenden Gruppen gerichtet. Beide Disziplinen haben es mit der Welt der sozialen Tatsachen zu tun, trachten aber zu allgemeinen Typen, zu sozialen Gesetzen vorzudringen. Beide Disziplinen haben schließlich die menschliche Gesellschaft im allgemeinen und die Gesamtheit der gesellschaftlichen Erscheinungen zum Gegenstande, nicht etwa bloß Tatsachen einer bestimmten Art oder nur einen bestimmten Aspekt des Gesellschaftslebens, wie es bei den besonderen Sozialwissenschaften: Volkswirtschaftslehre, Religionswissenschaft etc. der Fall ist. Hierzu kommt schließlich, daß die Soziologie von der Statistik und nur von dieser die wichtigsten Aufschlüsse über den Hauptfaktor der Gesellschaft, über die Bevölkerung, ihre Zahl und Zusammensetzung, erhält.

So liegt es wohl nahe, von vorneherein enge Beziehungen zwischen Statistik und Soziologie anzunehmen. Diese Erwartung wird aber getäuscht, wenn wir den bisherigen Verlauf der Dinge ins Auge fassen. **Zwischen Statistik und Soziologie hat bis vor kurzem sozusagen fast gar keine Kooperation** stattgefunden, ja es bestand kaum eine Fühlungnahme. Die moderne Statistik und die moderne Soziologie sind, wenn wir von Vorläufern auf beiden Gebieten absehen, nahezu zur selben Zeit begründet worden, die eine von Quetelet, die andere von Comte. Aber diese beiden Männer wirkten ganz unabhängig von einander, ja es kam sogar zu einem persönlichen Angriff. Comte beschuldigte nämlich Quetelet des Plagiates an der zuerst von Comte gebrauchten Bezeichnung »physique sociale«, wobei er sich ziemlich geringschätzig über Quetelets Werke äußerte [1]), und auch in der Folge wandelten Statistik und Soziologie ihre eigenen Wege ohne gegenseitigen Kontakt. Die Statistik hat sich niemals erheblich um die soziologischen Theorien gekümmert, sie hatte ihr eigenes feststehendes Programm, die möglichst vollständige zahlenmäßige Erfassung der sozialen Massenerscheinungen, und vielen ihrer hervorragendsten Vertreter schwebte, wie schon erwähnt, als Endziel die Schaffung einer selbständigen statistischen Gesellschaftslehre vor [2]), anderseits haben die soziologischen Autoren bis in die neueste Zeit sozusagen nur ausnahmsweise statistische Daten verwertet. Daß Comte sich nicht auf Statistik stützte, mag bei der niedrigen Entwicklungsstufe der damaligen Statistik erklärlich sein. Aber

---

[1]) Vgl. Cours de philosophie positive, IV. Bd. S. 7 Anmerkung. In der deutschen Übersetzung des IV.—VI. Bandes des »Cours« von Valentine Dorn lautet der Passus (Soziologie von Auguste Comte, 1907, S. 5, Anmerkung): »Dieser (Ausdruck »soziale Physik«) und der nicht minder unentbehrliche Ausdruck »positive Philosophie« sind vor 17 Jahren in meinen ersten Werken über politische Philosophie geschaffen worden. Obschon so neu, sind diese beiden wichtigen Bezeichnungen doch schon durch die fehlerhaften Aneignungsversuche verschiedener Schriftsteller sozusagen verdorben worden, welche ihre eigentliche Bestimmung keineswegs verstanden hatten, trotzdem ich von Anfang an durch einen peinlich unveränderlichen Gebrauch ihre Grundbedeutung sorgfältig gekennzeichnet hatte. Ich muß vor allem diesen Mißbrauch in betreff der ersten Bezeichnung bei einem belgischen Gelehrten erwähnen, der sie in den letzten Jahren zum Titel einer Arbeit wählte, worin es sich im höchsten Falle um einfache Statistik handelt«.

[2]) Quetelet hat in seinem Hauptwerke »Sur l'homme ou Essai de physique sociale« gemäß der in Nr. 34 der »Lettres sur la Théorie des Probabilités« von ihm der Sozialphysik zugewiesenen hohen Aufgabe zweifellos eine allgemeine Gesellschaftslehre auf statistischer Grundlage aufgebaut. In seiner Schrift »Du Système sociale et des lois qui le régissent« geht er auch von der Statistik und speziell vom Gesetz der zufälligen Abweichungen aus, beschränkt sich aber nicht auf statistisches Wissen, so daß hier, insbes. im 2. Buche »Des Societés« und im 3. Buche »De l'humanité«, statistische Gesellschaftslehre und nichtstatistische Soziologie ineinandergreifen. Man kann somit in Quetelet den ersten Vorläufer der modernsten das Zusammenwirken von Statistik und Soziologie fordernden Richtung erblicken.

ebenso wenig finden wir Statistik z. B. bei Spencer und auch die neueren Soziologien enthalten zumeist statistische Forschungsergebnisse entweder gar nicht oder nur in sehr geringem Ausmaße. Mehrere soziologische Autoren haben sogar ausdrücklich der Statistik größere Bedeutung für die Soziologie abgesprochen. So hat Lilienfeld in seinen »Gedanken über die Sozialwissenschaft der Zukunft«[1]) ausgeführt, daß statistische Daten zwar soziale Gesetze erläutern, bekräftigen und widerlegen können, es sei jedoch bisher kein einziges Gesetz der sozialen Entwicklung auf statistischem Wege gefunden worden; »wenn wir die bedeutenden Werke, die in letzterer Zeit auf dem Gebiete der Statistik erschienen sind, anerkennen und ihre Bedeutung als Hilfswissenschaft vollauf gelten lassen, so glauben wir doch, daß auch in Zukunft die Statistik unfähig sein wird, die großen und ewigen Gesetze aufzufinden, die den Tatsachen der Natur und der menschlichen Gesellschaft zugrunde liegen«. Lilienfeld ist eben der Ansicht, daß diese Gesetze nur »auf dem Wege der real-vergleichenden Methode, durch Aufsuchung der Analogie zwischen Gesellschaft und Natur« ermittelt werden können. Gumplowicz hat im »Grundriß der Soziologie« (1885, S. 98) betont, daß die Gesetze der sozialen Erscheinungen mittelst statistischer Zahlen niemals gefunden werden können, scheint aber dabei nur die bekannte angebliche zeitliche Konstanz statistischer Ergebnisse im Auge gehabt zu haben, im übrigen können die von Gumplowicz a. a. O. Quetelet vorgeworfenen Fehler natürlich nicht der Statistik als solcher zugerechnet werden.

Der geringe Kontakt, der bisher zwischen Soziologie und Statistik bestand, ist u. E. kein bloßer Zufall und auch nicht etwa bloß die Folge von Unwissenheit oder Nachläßigkeit, sei es der Statistiker, sei es der Soziologen. Die Ziele von Statistik und Soziologie decken sich vielmehr nur zum Teil. Die Statistik kann dem Wesen der statistischen Methode zufolge nur zähl- oder meßbare Tatsachen erfassen,

---

[1]) I. Teil, Die menschliche Gesellschaft als realer Organismus, Mitau 1873, Kap. XXXI. »Methode der Sozialwissenschaft«, S. 387.

ihr Objekt ist die Feststellung des Dimensionalen in der Gesellschaft — wie v. Inama-Sternegg es genannt hat. Die Soziologie hingegen interessiert sich auch für viele Dinge, die niemals unmittelbar statistisch erfaßt werden können: für Rechtsanschauungen, Sitten und Gebräuche, Religionen und Mythen, für soziale Machtverhältnisse, politische Strömungen und vieles dergleichen mehr. Zu dieser sachlichen Begrenztheit der Statistik kommt ihr relativ geringer Umfang in örtlicher und zeitlicher Hinsicht. Die Soziologie hat die Enstehung des gesellschaftlichen Lebens zu erklären, die verschiedenen Typen von Gesellschaften festzustellen, die Funktionen der verschiedenen gesellschaftlichen Institutionen und deren Beziehungen unter einander zu ermitteln: für alle diese Zwecke muß sie die sozialen Zustände bei den verschiedensten Völkern der Gegenwart und der Vergangenheit, womöglich bei allen Völkern, die jemals den Erdball bewohnt haben, untersuchen und vergleichen, sie muß auch die gesellschaftlichen Verhältnisse der primitiven Volksstämme berücksichtigen und die Entwicklung der Menschheit bis in die prähistorische Zeit zurückverfolgen. Die Statistik ist aber im Wesen eine Errungenschaft der neuesten Zeit und auch bei den modernen Kulturvölkern zum Teil erst gering entwickelt[1]). Die Soziologie kann daher offenbar mit der Statistik nicht ihr Auslangen finden, sie muß auch andere Erkenntnisquellen benützen, so stützt sie sich in hervorragendem Maße auf die Geschichte, insbesondere die politische, die Wirtschafts- und die Kulturgeschichte, ferner auf die Anthropologie, die Ethnographie usf.

Über die gegenwärtigen gesellschaftlichen Zustände der Kulturvölker wird die Soziologie allerdings zweifellos bei der Statistik wertvolle Information nach verschiedenen

---

[1]) Die »historische Statistik«, die aus älterer Zeit überlieferte Daten wie Zählungsergebnisse, Steuerverzeichnisse, Zunftlisten etc. statistisch zu verwerten trachtet — z. B. um die Bevölkerungszahl gewisser Gebiete für bestimmte Zeitpunkte der Vergangenheit zu berechnen — wird infolge des geringen vorhandenen Materiales immer nur spärliche und mangelhafte Resultate erzielen können.

Richtungen, wofür an späterer Stelle Beispiele gegeben werden, erhalten. Die sozialen Zustände der modernen Kulturvölker sind aber schließlich doch mindestens nicht weniger interessant als jene irgendeines auf dem Aussterbeetat befindlichen Indianer- oder Polynesierstammes. Bei der Klassifikation der Gesellschaften muß doch auch unseren modernen Gesellschaften ein Platz zugewiesen werden und bei der Darstellung der Funktionen der verschiedenen gesellschaftlichen Einrichtungen müssen auch die modernen sozialen Institutionen berücksichtigt werden.

In der Tat hat in letzter Zeit in der Soziologie das Interesse für das gegenwärtige Gesellschaftsleben wesentlich zugenommen. Man strebt immer mehr nach einer soziologischen Analyse der modernen Kultur. So hat beispielsweise die Deutsche Soziologische Gesellschaft bei ihrer Gründung zunächst drei, sämtlich das moderne Gesellschaftsleben betreffende Themen in Untersuchung zu ziehen beschlossen: die Soziologie des m o d e r n e n Zeitungswesens, die Auslese der führenden Schichten in den K u l t u r nationen und die soziologische Analyse der zwischen dem h e u t i g e n Staat und dem Individuum bestehenden Gemeinschaften. Gewisse soziale Einrichtungen, wie z. B. gerade das Zeitungswesen, sind ohnehin auf die moderne Kulturwelt beschränkt.

Gleichzeitig mit dem Interesse für die Gegenwart ist in der Soziologie auch das Interesse für die empirische, realistische Erfassung des T a t s ä c h l i c h e n der gesellschaftlichen Erscheinungen gewachsen; an die Stelle von Analogien, wobei die Ergebnisse anderer Wissenschaften (Physik, Biologie etc.) auf die menschliche Gesellschaft übertragen werden, und an die Stelle von Deduktionen aus psychologischen oder sonstigen Axiomen tritt immer mehr die Beobachtung und Induktion. Zum mindesten gewinnt die empirische Soziologie neben der »reinen« zweifellos an Bedeutung. Diese Entwicklung verleiht aber offenbar der Statistik einen wachsenden Wert für die Soziologie. Ermöglicht doch allein das statistische Beobachtungsverfahren die Tatsachenwelt der sozialen M a s s e n erscheinungen methodisch zu erfassen, auch können nur mittelst der statistischen Induktion die diese Massenerscheinungen beherrschenden Gesetze festgestellt werden[1]). Aber auch den deduktiven Richtungen

[1]) Zwischen statistischem Beobachtungsverfahren und statistischer Induktion ist zu unterscheiden. Ersteres besteht im Wesen in der Auszählung der eine statistische Masse bildenden Einzelfälle mit Unterscheidung bestimmter Merkmale (z. B. Zählung der Bevölkerung mit Unterscheidung von Geschlecht, Alter etc). Dieses Verfahren ermöglicht es, die unübersichtliche Mannigfaltigkeit einer sozialen Masse zu überwinden und durch einige wenige Ziffern (z. B. Prozentsatz der beiden Geschlechter, der verschiedenen Altersklassen) die charakteristische, den ausschlaggebenden, allgemeinen Ursachen entsprechende Gestaltung zum Ausdruck zu bringen. Soweit hat die Statistik nichts »induktives« an sich, im Gegenteil. Die Induktion schließt aus dem Vorhandensein eines Merkmales bei zahlreichen Individuen derselben Art darauf, daß dieses Merkmal wahrscheinlich der ganzen Art zukommmt; das statistische Beobachtungsverfahren hingegen geht von der Annahme aus, daß die Einzelfälle nicht übereinstimmen und daß ein richtiges Bild des Ganzen nur durch Beobachtung aller Einzelfälle gewonnen werden könne. Das statistische Beobachtungsverfahren ist daher selbständig neben Induktion und Deduktion. Induktiv oder der Induktion doch sehr verwandt ist jedoch die statistische Kausalitätsforschung. Der statistische Vorgang ist hier stets einer der vier in der Logik seit Mill unterschiedenen Methoden der induktorischen Forschung analog, meistens der Differenzmethode (z. B. wenn die verschiedene Sterblichkeit von Frauen und Männern ceteris paribus der Geschlechtszugehörigkeit zugeschrieben wird) oder der Methode der konkurrierenden Veränderungen (z. B. wenn die Schwankungen der Verbrechenshäufigkeit — wieder ceteris paribus — auf parallele Schwankungen der Wirtschaftslage zurückgeführt werden). Daß die statistische Methode mehrere verschiedene Verfahrensarten in sich schließt, kann aber wohl keinen Grund bilden, das, was man bisher allgemein unter »statistischer Methode«, bzw. unter »statistischen Ergebnissen «verstanden hat, zu zerreißen, wie es R. Wassermann (Begriff und Grenzen der Kriminalstatistik, 1909) getan hat. W. knüpft an Rickerts Unterscheidung von »Geschichte« und »Naturwissenschaft« an und trennt die »Statistik als Wissenschaft« und die »statistische Methode«. Erstere kann nach W. nur beschreibend (Geschichte, Wirklichkeitswissenschaft) sein, sie umfaßt somit nur die Ergebnisse, die mittelst des von uns oben sogenannten »statistischen Beobachtungsverfahrens« — der »Methode der Statistik« nach W. — gewonnen wurden. Von der (historischen) »Methode der Statistik« gänzlich verschieden ist nach W. die die Feststellung von Gesetzen bezweckende »statistische Methode«, das Verfahren der statistischen Kausalitätsforschung in unserem Sinne. Sie ist »naturwissenschaftlich«, ihre auf sozialem Gebiete erzielten Ergebnisse liegen außerhalb der »Statistik«, fallen vielmehr in die »Begriffs- und Gesetzes-Wissenschaft« Soziologie. »Beschreibung« und »Feststellung von Gesetzen« sind jedoch keineswegs so verschiedene Dinge wie Wassermanns Einteilung annimmt. Bei empirisch-realistischer Forschung gehen aus der Beschreibung allmählich Regelmäßigkeiten und Gesetze hervor. Auch die Soziologie muß zunächst beschreiben. Namentlich stehen aber

der Soziologie kann das statistische Material bei der doch unvermeidlichen Überprüfung und Verifikation ihrer Schlüsse Dienste erweisen.

In der Tat haben auch immerhin mehrere, zumeist neuere Autoren der Statistik wesentliche prinzipielle Bedeutung für die Soziologie zuerkannt und zum Teile auch bereits in soziologischen Werken statistisches Wissen verwertet.

So vor allem S c h ä f f l e. Er hat sich über die Statistik im »Bau und Leben des sozialen Körpers« zweimal, im I. und IV. Bande, sowie im »Abriß der Soziologie« geäußert. An der ersten Stelle (S. 125 ff.) führt er aus, die für die Gesellschaftslehre wertvollste Seite der sogenannten numerischen oder statistischen Methode sei darin zu suchen, daß sie gleichartige äußere Wirkungen psychologischer Ursachen feststelle. Hierdurch werde der bloße Schluß aus bloßen »inneren Erfahrungen« beseitigt. Durch die numerische Methode einer unabhängigen, auf gute Elementarbeobachtungen basierten Statistik würden die überaus wertvollen Vorteile der Objektivität und Kontrollierbarkeit gewonnen. Über die Ableitung von Gesetzen auf statistischem Wege äußert sich Schäffle an der zitierten Stelle skeptisch. Er meint, im Wege der Statistik würden kaum Gesetze von allgemeiner Bedeutung, sondern nur »empirische Gesetze entfernterer Ordnung« gefunden werden. Aber auch wenn die statistische Methode gar kein soziales Gesetz, sondern nur Tatsachen bringen sollte, sei sie unschätzbar wertvoll. Sie zeige, wohin die Strömung des sozialen Lebens gehe.

Im IV. Bande von »Bau und Leben« (Anhang: Die Aufgabe und Methoden der Sozialwissenschaft, S. 493 u. ff.) betont Schäffle, daß es sich im sozialen Leben vielfach — wenn auch nicht durchwegs — um Massen und Massenbewegungen handle, so daß die statistische Methode begreif-

---

statistische Beobachtung und statistische Gesetzesforschung auf derselben Grundlage des »Gesetzes der großen Zahl«. (Vergl. hierzu auch G. v. Mayr, Sozialstatistik, 2. Lieferung 1910, S. 449 und R. Wassermann, »Georg v. Mayr als Kriminalstatistiker«, Monatsschrift für Kriminalpsychologie und Strafrechtsreform, VII. Jahrg., S. 577 u. ff.)

licherweise umfassende Anwendung finde. Die Statistik werde in fortschreitender Ausdehnung ihrer Beobachtungsmethoden die ganze Mannigfaltigkeit des gesellschaftlichen Lebens systematisch verfolgen. Dann werden auch die uns überall entgegentretenden Korrelationen aller Glieder der Gesellschaft mehr und mehr kausal erklärt werden können. Die Statistik trage zur quantitativen Kenntnis dieser Wechselbeziehungen bei. Schäffle erörtert sodann, ob die Statistik wirkliche Gesetze, d. h. Kausalgesetze des gesellschaftlichen Lebens, zu enthüllen imstande sein werde. Er meint, daß sie in der Tat die Fähigkeit besitze »durch quantitative Bestimmung der Faktoren und Ereignisse der sozialen Auslese in verschiedenen Zivilisationskreisen und Geschichtsepochen Gesetze tieferer Ordnungen von historischem und ethnographischem Werte feststellen zu helfen«. Diese Leistung der Statistik sei weit höher zu stellen als der Nachweis der zeitlichen Konstanz gewisser Tatsachen. Man habe der Statistik vorgeworfen, daß sie keine neuen Kausalzusammenhänge finde, sondern nur bereits bekannte bestätige. Sie gebe jedoch Quantitativ-Bestimmungen einer Ursache und ihrer Wirkungen. Allerdings sei die Statistik erst im Beginne ihrer Entwicklung, ihr Wert werde noch wachsen — allerdings nicht durch Nachweisung der absoluten Konstanz, sondern umgekehrt durch Nachweisung der historisch-ethnographisch-geographischen Variabilität der Mittelwerte und der großen Zahlen.

Im »Abriß der Soziologie« (herausgegeben von Karl Bücher 1906) führt Schäffle (S. 44 u. f.) unter dem Titel: »Das Wesen der Gesellschaft und der Wert der Statistik als soziologischer Methode« aus, die Gesellschaft trete der Soziologie als ein Inbegriff von Massentatsachen entgegen, die Soziologie müsse sich daher auf die Massenbeobachtung stützen, die Statistik sei es, welche die Massenerkenntnis verschaffe, doch sei sie zwar eine hauptsächliche, aber nicht die Methode der Soziologie.

Trotz des hohen Wertes, den Schäffle der Statistik prinzipiell zuschreibt, hat er doch in seinen eigentlichen soziologischen Werken von ihr nur geringen Gebrauch gemacht. Im »Bau und Leben« finden wir statistische Daten nur an einigen wenigen Stellen (z. B. im III. Bande einige Ziffern über Familien, Altersklassen, Wanderungen), im »Abriß« fehlt sozusagen jede Statistik. Dieser ist freilich nur eine Art Quintessenz, im »Bau und Leben« war aber zweifellos die »organizistische« Methode der Statistik abträglich. Nach Loria[1]) unterscheidet sich die Soziologie von der Philosophie der Geschichte u. a. dadurch, daß sie nicht allein die historischen Tatsachen betrifft, sondern überdies die statistischen, moralischen, juristischen Tatsachen, überhaupt alle fundamentalen Erscheinungen der menschlichen Gesellschaft. Achelis bezeichnet[2]) die Statistik als unentbehrlich für die Soziologie und erwähnt die statistischen Erhebungen über Wiederkehr derselben Vergehen und über den Zusammenhang von Moral und wirtschaftlichen Verhältnissen. Doch könne die Statistik natürlich das geistige Leben, Religion, Mythus, Sitte, Recht usw. nicht erfassen. Unter den Häuptern der modernen Soziologie führt Achelis auch Quetelet an. Eisler sagt[3]), die Statistik sei eine für verschiedene Wissenschaften unentbehrliche Methodik, deren sich auch die soziologische Forschung mit vielem Nutzen bedienen könne; empirische soziologische Gesetze werden sich zum Teil auf statistischem Wege ermitteln lassen; die Moralstatistik bezeuge den Zusammenhang der Verbrechen und Vergehen mit wirtschaftlichen Zuständen. Allerdings komme man in der Soziologie mit der statistischen Methode allein nicht aus, da diese nur das rechenmäßig Festzustellende des Gesellschaftslebens, nicht aber die treibenden Kräfte zu erforschen vermöge. Wenn Eisler weiter bemerkt, daß die statistisch ermittelten Abhängigkeiten und Zusammenhänge vieldeutig zu sein pflegen, so gilt dies jedoch nicht bloß für die statistische, sondern für jede induktive soziale Forschung. Auch wenn z. B. auf historischem Wege

---

[1]) Soziologie. deutsch von Cl. Heiss, 1901, S. 8.
[2]) Soziologie (Sammlung Göschen), 1908, S. 31, 44 u. 54.
[3]) Soziologie (Webers illustrierte Handbücher) 1903. S. 11, 15. 31 und 150.

ein Parallelismus zweier Phänomene konstatiert wird, ist nicht immer offenkundig, welches Phänomen als Ursache, welches als Wirkung zu betrachten ist. Tönnies hat in seiner Eröffnungsrede am 1. deutschen Soziologentage (Frankfurt a. M. 1910) der empirischen Soziologie neben der »reinen« eine wesentliche Bedeutung zugeschrieben und unter den Wissenschaften, die der Soziologie Beiträge widmen und zu denen sich die Soziologie empfangend und lernend verhalten soll, die die Soziologie aber auch ihrerseits befruchten und bereichern könne, u. a. die Statistik angeführt, und ihre Bedeutung bezw. die Bedeutung der statistischen Methode für die Soziologie dargelegt. Hierbei wies Tönnies insbesondere darauf hin, daß die statistische Methode qualitative durch quantitative Bestimmungen ergänze und ersetze — was die wahre Seele des wissenschaftlichen Denkens überhaupt sei — und daß sie dadurch ermögliche, die festen Relationen von den losen zu unterscheiden, bezw. die Relationen nach dem Grade ihrer Festigkeit abzustufen, daß sie also eine exakte Vergleichung von Erscheinungen, die in Raum und Zeit verschieden sind, möglich mache[1].

Besonders eindringlich ist der österreichische Statistiker Neumann-Spallart schon im Jahre 1878[2] für ein möglichst inniges Zusammenwirken von Soziologie und Statistik eingetreten. Neumann-Spallart hat in seiner Abhandlung den geringen Kontakt, der zwischen Statistik und Soziologie herrscht, auf den vorwiegend spekulativen Charakter der Soziologie zurückgeführt und insbesondere die »organizistische« Methode dafür verantwortlich gemacht, daß die Soziologen Spencer, Lilienfeld und Schäffle in ihren Werken die Statistik nicht mehr verwertet haben. Eine innige Ergänzung und beiderseitige Durchgeistigung des Inhaltes der Soziologie durch jenen der wissenschaftlichen Statistik liege so nahe, daß es als eine Abirrung von ihrem rechten Wege bezeichnet werden müsse, wenn sie sich noch fernerhin

---
[1] Verhandlungen des ersten deutschen Soziologentages S. 28 und 33—36.
[2] Soziologie und Statistik, Statistische Monatsschrift, IV. Jahrgang.

trennen, unabhängig von einander auf reale Erfolge hoffen oder gar sich bekämpfen [1]). In der Folge hat Reichesberg [2]) am entschiedensten für ein Zusammenwirken von Statistik und Soziologie plaidiert. Das Gesellschaftsleben könne nur durch das Studium der Gesellschaft selbst erfaßt werden; die Statistik ermögliche es nun den einzelnen als Bestandteil einer Masse zu betrachten; erst durch Anwendung dieser Methode gewinne die Gesellschaftswissenschaft einen festen Boden. Die Statistik liefere jenes Beobachtungsmaterial, aus dem allein erst die soziologischen Gesetze abgeleitet werden können. Nur bei Zuhilfenahme der Statistik werde die Gesellschaftswissenschaft den Rang einer exakten Wissenschaft erreichen können, bezw. »die statistischen Gesetze bilden die wichtigsten empirischen Gesetze der Gesellschaftswissenschaft« [3]).

Der Statistik sehr gewogen ist De Greef. In seinen «Lois sociologiques» bezeichnet er die Statistik als das wichtigste Verfahren der von der Soziologie neben anderen anzuwendenden historischen Methode. Der Statistik verdanke die Soziologie sehr wesentliche Fortschritte. Von den «soziologischen» Gesetzen, die De Greef darlegt, beruhen mehrere auf statistischer Grundlage (z. B. Relation zwischen Lohnhöhe und Zahl der unehelichen Geburten, größere Häufigkeit von Totgeburten bei den unehelichen Kindern).

Durkheim empfiehlt in seinen Untersuchungen über die Methode der Soziologie [4]) die »Methode des indirekten Experimentes oder der Vergleichung«. Diese Methode begreift aber nach D. Ausführungen zweifellos die statistische Methode in sich. D. bemerkt insbesondere [5]), die Statistik ermögliche

---

[1]) A. a. O., S. 6 u. f.
[2]) Die Statistik und die Gesellschaftswissenschaft, 1893, insbesondere S. 62, 63, 101, 110, 111.
[3]) Auch Somlo (Zur Gründung einer beschreibenden Soziologie, 1909) erwähnt die Statistik als Quelle soziologischen Datenmateriales.
[4]) Deutsche Übersetzung in Klinkhardt-Eislers Philosophisch-soziologischer Bücherei, Band V.
[5]) A. a. O. S. 33.

es gewisse soziale Tatsachen, wie Geburten, Ehen und Selbstmorde, unabhängig vom einzelnen Falle zu erfassen. Mehrere der von D. angeführten Beispiele soziologischer Beweisführung beruhen auf statistischer Grundlage. Bekanntlich hat D. auch ein größeres Werk über den Selbstmord geschrieben, worin die Statistik geradezu die Hauptrolle spielt [1]).

Besonders interessant sind für unser Problem zwei Autoren, die ihrer ganzen literarischen Tätigkeit nach gleichzeitig sowohl hervorragende Soziologen als auch angesehene Statistiker waren: Gabriel Tarde und Adolphe Coste.

Tarde — beruflich durch längere Zeit Chef der französischen Justizstatistik — hat sich in seinen Lois de l'imitation (3. Auflage 1900, S. 111—151) ausführlich mit der Statistik auseinandergesetzt, sie aber allerdings hauptsächlich unter seinem speziellen sozialpsychologischen Gesichtspunkte der Unterscheidung von »Erfindungen« und »Nachahmung« betrachtet. Er bezeichnet die Statistik als »la méthode sociologique par excellence«, die aber für sich allein auch nicht ausreichende Aufschlüsse biete. Die soziologische Statistik hat nach Tarde zur Aufgabe, das breite Feld der menschlichen Nachahmung zu erforschen, das Gebiet der »Erfindungen« sei ihr versagt. Tarde betrachtet die Statistik daher als »l'étude appliquée de l'imitation et de ses lois«, sie hat insbesondere die Stärke und die Wirkungen der Nachahmung der verschiedenen Erfindungen zu ermitteln. Allerdings würde erst eine psychologische Statistik, welche die Schwankungen der persönlichen Anschauungen und Bedürfnisse verzeichnen würde, wenn sie praktisch möglich wäre, die tieferen, den statistischen Ziffern zugrunde liegenden Ursachen aufdecken können. Die Soziologie müsse daher bestrebt sein, den genannten psychologischen Faktoren, die sich immerhin in gewissen Symptomen äußern, möglichst nahe

---

[1]) Gleich Durkheims Methode der Vergleichung schließt zweifellos auch die von Eleutheropulos (Soziologie, 2. Aufl. 1908) befürwortete »auf breitere Basis gestellte Induktion« die statistische Methode in sich. E. nimmt zwar zur Statistik nicht ausdrücklich Stellung, bezieht sich jedoch mehrfach auf statistische Daten.

zu kommen¹). Trotzdem Tarde der Statistik theoretisch eine so wichtige Rolle zuschreibt, macht er von ihr in seinen eigentlichen soziologischen Schriften einen sehr geringen Gebrauch. Tardes soziologische Untersuchungen laufen auf eine sozialpsychologische Analyse hinaus, bei welcher die an äußere Merkmale anknüpfende Statistik nicht wesentlich zu helfen vermag. Doch hat Tarde auch einige statistisch-soziologische Schriften über kriminalwissenschaftliche Fragen verfasst, in denen sich statistisches Wissen und soziologische Betrachtungsweise in glücklichster Weise ergänzen.

C o s t e war gleich Tarde Soziologe und Statistiker — in letzterer Eigenschaft Verfasser mehrerer statistischer Schriften und Präsident der Pariser Statistischen Gesellschaft. In seinen soziologischen Hauptwerken »Principes d'une sociologie objective« (Paris 1899) und »L'expérience des peuples et les prévisions qu'elle autorise« (Paris 1900) hat Coste eine einheitliche soziologische Evolutionstheorie entwickelt, in der die soziale Entwicklung auf den Faktor Bevölkerung, insbesondere auf die Zunahme der Bevölkerung und deren Konzentration in den Städten, zurückgeführt wird. Mit Rücksicht auf diesen ausschlaggebenden moteur d'évolution unterscheidet Coste die vier Stufen: Burg, Stadt, Metropole und Capitale, deren jede eine besondere Gesellschaftsordnung aufweise. Coste hat seine Ausführungen auch mit statistischen Daten ausgestattet — vergl. insbesondere das Kapitel »Sociometrie« —, was wohl sehr nahe lag, da die Bevölkerung, wenigstens in der Gegenwart, statistisch erfaßt wird. Es wäre jedoch unrichtig, in Costes Werk eine statistisch fundierte Gesellschaftstheorie erblicken zu wollen²). Coste b e g r ü n d e t seine Theorie mit historischen

---

¹) Ähnlich äußert sich Tarde in »Les lois sociales«, 1898, S. 33.

²) In F. Squillace's Die soziologischen Theorien (deutsch von Dr. R. Eisler, 1911) sind die soziologischen Theorien nach der Grundwissenschaft, auf die sie sich stützen (Physik, Biologie, Psychologie etc.), klassifiziert; Coste figuriert als Hauptvertreter der »statistischen und demographischen Richtung der Soziologie«.

Tatsachen, lediglich für die Gegenwart — in der die Bevölkerung statistisch erfaßt wird — versucht er seine Theorie statistisch zu illustrieren, und dies keineswegs auf besonders glückliche Weise. Er berechnet z. B. recht willkürlich die »socialité« der einzelnen modernen Völker auf Grundlage ihrer Bevölkerungszahl und der Quoten der in den Hauptstädten, der in den Städten mit mindestens 50000 Einwohnern und der in den kleineren Städten und am Lande lebenden Bevölkerung. Er gelangt auf diese Weise zu einer Reihenfolge der europäischen Völker, in der z. B. Spanien und die Türkei vor Oesterreich-Ungarn, Italien und den Vereinigten Staaten von Amerika rangieren [1]). So besteht Coste's Verbindung von Soziologie und Statistik nur darin, zu einer nicht statistisch fundierten soziologischen Theorie nicht ganz einwandfreie Statistik hinzuzufügen. Eine statistische Beweisführung wäre wohl möglich gewesen. Coste hätte die modernen Staaten nach der Bevölkerungszahl und deren Konzentration in Städten gruppieren und untersuchen müssen, ob andere soziale Phänomene derselben Staaten (z. B. Berufsgliederung, Stärke der sozialen Klassen, Grad der geistigen und wirtschaftlichen Entwicklung) parallel variieren. Uebrigens hat Coste infolge der Einseitigkeit seiner Theorie nur einen relativ geringen Teil des modernen statistischen Wissens, nur einige wenige bevölkerungsstatistische Daten, verwertet, alle übrigen für die soziologische Erkenntnis in Betracht kommenden statistischen Aufschlüsse dagegen unberücksichtigt gelassen.

Allerdings sind in der Tat nicht alle statistischen Daten von Belang für die Soziologie. Die Statistik liefert zahlreiche Daten, die ausschließlich für spezielle Verwaltungszwecke oder bloß für bestimmte Richtungen des Erwerbslebens von Bedeutung sind. Auch von jenen statistischen Daten, die einen wissenschaftlichen Charakter besitzen, sind wieder manche nur für einzelne spezielle Gesellschaftswissenschaften von Interesse, z. B. bloß für die Nationalökonomie oder das

---

[1]) Vgl. hierüber auch Dr. F. Hawelka, Ein System der objektiven Soziologie, Statistische Monatsschrift (Wien) 1900.

Strafrecht etc. **Welche statistischen Daten besitzen nun soziologische Tragweite?**
Wenn man die modernen wissenschaftlichen Systeme der Statistik in die Hand nimmt, so findet man das statistische Material in der Regel in einige wenige Gruppen, etwa die Bevölkerungsstatistik, die Moral-, die Bildungs-, die Wirtschafts- und die politische, eventuell noch die Sanitätsstatistik eingeteilt, und man erhält den Eindruck, als ob alle statistischen Daten je nach ihrem Gegenstande n u r für bestimmte spezielle Sozialwissenschaften, wie die Bevölkerungslehre, die Moralwissenschaft, Nationalökonomie etc. von Bedeutung wären. Dem ist aber nicht so, es haben vielmehr — wie unten gezeigt wird — zahlreiche statistische Forschungsergebnisse eine hervorragende soziologische Tragweite. Warum gibt es aber dann kein soziologisches Teilgebiet der Statistik, ebenso wie es ein wirtschaftsstatistisches oder moralstatistisches usf. gibt? Der Grund liegt darin, daß es keine ausschließlich oder auch nur überwiegend »soziologischen« realen Tatsachen gibt. Die Erscheinungen, mit denen sich die Statistik beschäftigt, sind zunächst entweder überwiegend demographische oder wirtschaftliche, sittliche, politische etc. Die über diese Erscheinungen gewonnenen statistischen Daten können nur sekundär, unter einem bestimmten wissenschaftlichen Gesichtspunkt betrachtet, soziologischen Charakter erhalten. Da nun aber die Systeme der Statistik das statistische Material nach dem speziellen, unmittelbaren Charakter der dargestellten Erscheinungen gliedern, kann natürlich keine soziologische Teilgruppe entstehen. Man spricht allerdings manchmal von Sozialstatistik und es entsteht die Frage, ob dies nicht ein für die Soziologie in Betracht kommendes Teilgebiet ist. Nun herrscht aber unter den Statistikern keinerlei Einigkeit über den Begriff der Sozialstatistik. Schnapper-Arndt versteht darunter die gesamte auf gesellschaftliche Erscheinungen bezügliche Statistik. G. v. Mayr faßt als Sozialstatistik alle Teilgebiete der Statistik mit Ausnahme der Bevölkerungsstatistik zusammen. Bei keinem dieser Autoren deckt sich die »Sozialstatistik« mit der uns

hier beschäftigenden »soziologisch relevanten« Statistik. Ihre Definitionen stimmen aber auch mit dem herschenden Sprachgebrauche nicht überein. Nach diesem dürften am richtigsten als Sozialstatistik alle jene statistischen Daten zu bezeichnen sein, die über die sozialen Verhältnisse der verschiedenen Gesellschaftsklassen Aufschluß geben[1]). Doch kann die Sozialstatistik kein der Bevölkerungs-, Wirtschaftsstatistik etc. koordiniertes Teilgebiet bilden, sie würde vielmehr als Gruppe sui generis Daten aus allen Teilgebieten umfassen und zwar jene Daten, welche die sozialen Klassenunterschiede berücksichtigen oder sich ausschließlich auf bestimmte Klassen beziehen. Das Gros der Sozialstatistik würden dieser Anforderung entsprechend wirtschaftsstatistische Daten bilden (z. B. die gesamte Arbeiterstatistik), aber auch sozial differenzierte Bevölkerungs- oder moralstatistische Daten (z. B. Sterblichkeit, Erkrankungen oder Kriminalität nach sozialen Schichten) würden in die Sozialstatistik gehören. Die in diesem Sinne verstandenen sozialstatistischen Daten sind von offenkundigem Interesse für die Soziologie, sie sind aber keineswegs die einzigen für die Soziologie in Betracht kommenden statistischen Forschungsergebnisse, auch besitzen wir bisher keine einheitliche Darstellung der »Sozialstatistik« in diesem Sinne, so daß auf diesen Begriff im Folgenden nicht mehr Bezug genommen wird[2]).

[1]) In diesem Sinne faßt die »Sozialstatistik« z. B. auch Reichesberg auf (vgl. Soziale Gesetzgebung und Statistik, 1908, S. 35).

[2]) Einen abweichenden Begriff der »speziellen Sozialstatistik« — im Gegensatze zur »Sozialstatistik im weiten Sinne G. v. Mayrs — hat v. I n a m a - S t e r n e g g in der Abhandlung »Zur Kritik der Moralstatistik« (Statistische Monatsschrift, Wien 1907, und Neue Probleme des Kulturlebens, Leipzig 1908, S. 305 u. f.) gebildet. Er hat vorgeschlagen, im System der Statistik ein besonderes Teilgebiet zu schaffen, das den ganzen Komplex der für die gesellschaftliche Ordnung fundamentalen Tatsachen, wie Ehe und Familie, räumliche Verbände (Wohnorte, Anhäufungsverhältnisse, Heimat, Staatsangehörigkeit, innere und äußere Wanderungen), Konfessionen, Nationalitäten, Stände, Klassen und Berufe, in sich begreifen würde. v. Inama-Sternegg bemerkt, daß ein solches Teilgebiet »vom Standpunkte der Soziologie aus eine volle Berechtigung haben würde«, womit wohl gemeint ist, daß dieses Teilgebiet für die Soziologie besonders wertvoll wäre. Es erschöpft jedoch u. E. keineswegs das gesamte soziologisch relevante statistische Wissen. Auch die übrigen Teil-

Eine Zusammenfassung des gesamten für die Soziologie in Betracht kommenden statistischen Wissens hat bisher nicht stattgefunden [1]). Wenn auch die soziologisch relevante Statistik kein der Bevölkerungs-, Moral-, Wirtschaftsstatistik etc. koordiniertes Teilgebiet der Statistik bilden kann, so hinderte doch nichts, die soziologisch bedeutsamen statistischen Forschungsergebnisse außerhalb des üblichen Systems der Statistik zu vereinigen, ebenso wie man z. B. alle statistischen Ergebnisse, welche das Rassenproblem oder die Frauenfrage beleuchten, zusammenfassen könnte. Daß sich dieser Aufgabe bisher niemand unterzog, kommt wohl daher, daß die Soziologie bis vor kurzem kein genügend präzises Forschungsobjekt hatte und auch keine allgemein anerkannte Stellung im Kreise der Wissenschaften einnahm. Mangels einer solchen Zusammenfassung fehlte aber zwischen Statistik und Soziologie ein ähnliches Bindeglied, wie es die Bevölkerungsstatistik, die Wirtschaftsstatistik etc. zwischen der Statistik und der Bevölkerungslehre, bezw. der Nationalökonomie etc. herstellen. Den Vertretern der letzteren Wissenschaften ist durch die erwähnten Teilgebiete der Statistik die Benützung des statistischen Materiales wesentlich erleichtert, dagegen mag das Fehlen eines analogen Bindegliedes zwischen Statistik und Soziologie auch eine Ursache des geringen Kontaktes von Soziologie und Statistik sein.

Dazu kommt, daß die materielle Statistik (im Gegensatz zur statistischen Methodenlehre) bisher keinen allgemeinen Teil besitzt, sondern bloß aus den besonderen Abschnitten: Bevölkerungs-, Wirtschafts-, Moralstatistik etc. besteht. Wenn es der materiellen Statistik gelungen wäre, einen allgemeinen Teil zu schaffen, der eine Synthese der Hauptergebnisse sämtlicher Zweige der Statistik sein müßte, so könnte die Soziologie in diesem allgemeinen Teil gewiß die wichtigsten für sie in Betracht kommenden statistischen Forschungsergebnisse finden.

---

gebiete und insbesondere die Beziehungen zwischen denselben enthalten soziologische Information.

[1]) Mayo-Smith's »Statistics and Sociology«, 1895, enthält dem Wesen nach bloß die Bevölkerungs- und Moralstatistik im üblichen Sinne.

Wir müssen daher die soziologisch relevanten statistischen Forschungsergebnisse zunächst in den in den Systemen der Statistik allgemein unterschiedenen Teilgebieten: Bevölkerungs-, Moral-, Bildungs-, Wirtschafts- und politische Statistik, aufsuchen. Einen Fingerzeig erhalten wir sofort durch den Umstand, daß in den statistischen Systemen, wenigstens in den besten derselben, bei manchen Daten bemerkt wird, daß sie nicht bloß für ein, sondern für mehrere Teilgebiete der Statistik Bedeutung besitzen. G. v. Mayr bezeichnet in seiner Statistik dieses Verhältnis als »condominium«; so steht nach v. Mayr z. B. die Statistik der unehelichen Geburten, in gewissem Sinne auch die Selbstmordstatistik, im condominium von Bevölkerungs- und Moralstatistik, die Berufsstatistik im condomininm von Bevölkerungs- und Wirtschaftsstatistik, gewisse sittlich verwerfliche Berufe gehören sowohl in die Wirtschafts- als in die Moralstatistik usf. G. v. Mayr hat in seiner Moralstatistik einen besonderen großen Abschnitt »Secundär-Moralstatistisches« mit jenen statistischen Daten der anderen Teilgebiete (Bevölkerungsstatistik, Bildungs-, Wirtschafts- und politische Statistik), die sekundär auch moralstatistische Bedeutung besitzen. In allen diesen Fällen liegt die soziologische Tragweite offen zu Tage, da es ja im Wesen der Soziologie liegt, gerade jene sozialen Erscheinungen und Beziehungen zu studieren, die über die Grenzen der sozialen Spezialfächer hinausgreifen.

Eine mehrfache Tragweite besitzen ferner jene statistischen Daten, die ganz verschiedenartige Momente in ihrem Verhältnis von Ursache und Wirkung darstellen. Die soziologische Bedeutsamkeit ergibt sich da als Folge des Wesens selbst der Statistik. Die Statistik hat reale Tatsachen und Erscheinungen zum Gegenstande, diese muß sie in ihrer ganzen Lebensfülle allseitig erfassen, sie kann und darf sich daher nicht von vornherein auf die Interessen bestimmter sozialer Einzelfächer beschränken. Wenn die Statistik z. B. die Selbstmorde oder die Kriminalität untersucht, so muß sie natürlich auch die wirtschaftlichen Bedingungen dieser an sich moralstatistischen Erscheinungen (z. B. den

Einfluß der Wohlstandsstufe) erfassen, wenn sie wirtschaftliche Erscheinungen untersucht, muß sie dieselben nach Möglichkeit auch nach demographischen und sittlichen Momenten differenzieren (z. B. die Berufsgliederung nach Konfessionen oder Nationen). Alle derartigen Daten sind dann natürlich für mehrere Teilgebiete von Bedeutung. Die Statistik hat u. E. überhaupt prinzipiell monographischen Charakter und die Einteilung in Bevölkerungs-, Wirtschafts-, Moralstatistik etc. steht eigentlich im Gegensatze zum Wesen der Statistik. Sie tut der Statistik vielfach Gewalt an, ist aber notwendig, um das gesamte Material gliedern zu können, hauptsächlich liegt sie allerdings im Interesse der die statistischen Ergebnisse weiter verwertenden sozialen Einzelwissenschaften, auf die ja diese ganze Einteilung der Statistik zugeschnitten ist.

Bei der Suche nach den soziologisch relevanten statistischen Ergebnissen dürfen wir uns daher nicht auf die Systeme der Statistik beschränken, in denen die soziologischen Zusammenhänge vielmehr in der Regel im Hinblicke auf die Systematisierung zurückgedrängt oder doch nur einseitig behandelt sind. Wir müssen auch die ursprünglichen Erhebungsergebnisse berücksichtigen und insbesondere die statistischen Monographien heranziehen, deren es ja überaus viele gibt — sei es private, sei es amtliche Arbeiten, insbesondere im Rahmen der Arbeiterstatistik. In diesen statistischen Einzeldarstellungen, in denen bestimmte gesellschaftliche Erscheinungen oder Bevölkerungsgruppen allseitig behandelt werden, liegen die soziologisch bedeutsamen Zusammenhänge meist viel deutlicher zu Tage.

Auf dem monographischen Gebiete hat sich auch bereits eine aktive Kooperation von Statistik und Soziologie entwickelt und wir besitzen neben den rein statistischen zahlreiche soziologische Monographien, in denen jedoch statistische Daten in reichlichem Maße zu Beweis- und Illustrationszwecken verwertet sind. Es handelt sich dabei wieder um Monographien sowohl über bestimmte gesellschaftliche Erscheinungen als auch über einzelne Gesellschaftsgruppen, z. B. über die Arbeiter bestimmter Betriebe oder Industriezweige, um Monographien über die Bevölkerung bestimmter Gebiete. Ich erinnere lediglich an verschiedene derartige Untersuchungen des Vereines für Sozialpolitik, insbesondere an die neuesten, wesentlich statistisch fundierten Untersuchungen über »Auslese und Anpassung der Arbeiterschaft in der Großindustrie«, ferner an Booths Riesenwerk über »Leben und Arbeit in London« und von diesem Werke inspirierte Unternehmungen, wie Rowntree's Poverty über die soziale Lage der Bevölkerung von York. Man pflegt die monographische Literatur vielfach als deskriptiv zu bezeichnen, der Ausdruck ist aber zu eng, denn es handelt sich dabei nicht um bloße Beschreibung, sondern auch um die induktive, eventuell statistische Feststellung von kausalen Zusammenhängen, die zunächst für einen engeren Kreis ermittelt werden, aber wenn mehrfache Untersuchungen sie bestätigen, allgemeine Geltung erlangen können.

Ich gelange nun zu meiner **Hauptaufgabe**, die eine zweifache ist: einerseits wenigstens **einige soziologisch bedeutsame statistische Aufschlüsse** generellen Charakters namhaft zu machen und damit nachzuweisen, daß die Statistik der Soziologie schon gegenwärtig wertvolle Kenntnisse zu bieten vermag, andererseits anzudeuten, in welcher Weise die **Soziologie die Statistik beeinflussen**, ihr neue Probleme stellen, neue Wege weisen könnte.

Was die erstgenannte Teilaufgabe betrifft, so meine ich unter »statistischen Aufschlüssen generellen Charakters« solche, die das Gesellschaftsleben als Ganzes betreffen. Selbstredend können hier nicht alle jene statistischen Daten über **einzelne** gesellschaftliche Tatsachen oder Einrichtungen in Betracht kommen, die unter Umständen bei irgendeiner soziologischen Untersuchung Bedeutung gewinnen können, wie z. B. die Statistik der Zeitungen bei der jetzt aktuellen soziologischen Analyse des Zeitungswesens. Auch muß ich mich auf Daten von **unmittelbarer** soziologischer Tragweite und auf einige wenige besonders wichtig erscheinende beschränken. Sache der mit der Soziologischen Gesellschaft liierten Statistischen Vereinigung könnte es sein, den Soziologen ein vollständiges System des soziologisch relevanten generellen statistischen Wissens zu vermitteln, so wie es ihre Aufgabe sein könnte, das von den Soziologen bei einzelnen Untersuchungen benötigte spezielle statistische Material zu beschaffen.

Die statistischen Ergebnisse beziehen sich natürlich durchwegs auf konkrete Gesellschaften in konkreten Gebieten und nicht selten ergeben sich für verschiedene Gesellschaften verschiedene Resultate. Das mag vielleicht ein Grund sein, daß die Soziologie, die unsere modernen Kulturstaaten manchmal als einen einheitlichen Typus behandelt, von den statistischen Aufschlüssen nur mit Zurückhaltung Gebrauch machte. Doch darf man der Statistik wohl Dank dafür wissen, wenn sie auch bemerkenswerte Unterschiede zwischen den modernen Völkern aufdeckt und dadurch Information über den allfälligen Einfluß der Nationalität, Rasse und anderer Unterscheidungsmerkmale zwischen den Völkern liefert. Übrigens ergibt sich vielfach für den modernen Kulturkreis eine sehr große Übereinstimmung, die den bezüglichen statistischen Daten natürlich eine erhöhte Bedeutung verleiht.

Was den Einfluß anbelangt, den die Soziologie auf die Statistik ausüben könnte, so ist zu bedenken, daß statistische Erhebungen größeren Stils außerordentlich großer finanzieller Mittel bedürfen und im allgemeinen nur mit Hilfe der staatlichen Behördenorganisation durchführbar sind. Die soziologisch-statistischen Kreise werden daher nur in relativ geringem Ausmaße selbst für ihre Zwecke besondere private statistische Erhebungen ins Werk setzen können. Das Hauptziel muß sein, die amtliche Statistik nach Möglichkeit der Soziologie dienstbar zu machen. Die soziologischen Anforderungen an die amtliche Statistik zu formulieren, wäre wohl eine der Hauptaufgaben der in Aussicht genommenen Kooperation zwischen soziologischer und statistischer Gesellschaft. Allerdings werden dabei gewisse Schwierigkeiten zu besiegen sein, da bei den amtlichen statistischen Erhebungen im allgemeinen rein wissenschaftlichen Wünschen, die über das Informationsinteresse der öffentlichen Verwaltung hinausgehen, nur in beschränktem Ausmaße entsprochen werden kann. Erwähnt sei übrigens, daß die Statistiker schon vielfach aus eigenem Antriebe die Statistik soziologisch auszugestalten bestrebt waren, so daß viele soziologische Postulate schon gegenwärtig im Programm der Statistiker enthalten sind.

Im folgenden werden beispielsweise vier Gebiete der Gesellschaftsforschung angeführt, über welche die Statistik für die Soziologie bedeutsames Wissen liefert, das jedoch für die Zwecke der Soziologie noch weiter ausgestaltet werden könnte.

1. Die Statistik ermöglicht eine ziffermäßige Feststellung der Struktur der Gesellschaft. Sie gibt zunächst ein Bild der gesellschaftlichen Arbeitsteilung: der beruflichen Gliederung der Bevölkerung und der Betriebsorganisation. Ferner informiert sie über die sozialen Schichtungsverhältnisse, über die soziale Differenzierung der Bevölkerung. Hierbei muß die Statistik natürlich an bestimmte statistisch faßbare Merkmale anknüpfen, während für die Soziologie eventuell auch noch andere Merkmale, wie z. B. gesellschaftliches Ansehen, in Betracht kommen können. Die Statistik kann auch in der Regel die Bevölkerung sozial jeweils nur nach je einem einzelnen Merkmale, z. B. nach der Stellung im Berufe oder nach der Einkommenshöhe gliedern, ein einzelnes solches Erhebungsmoment muß aber für sich allein für die soziale Lage nicht ausschlaggebend sein. So können z. B. Angehörige niedrigerer Einkommensstufen in mancher Beziehung sozial höher stehen als höher besteuerte Zensiten. Auch gehen die statistischen Gliederungen oft mehr ins Detail als die Soziologie für manche Zwecke benötigt, z. B. wenn die Arbeiter in zahlreiche Lohnklassen oder Berufskategorien eingeteilt werden. Die Soziologie wird daher beim Studium der sozialen Differenzierung für ihre Zwecke die statistischen Daten vielfach zusammenfassen und untereinander, sowie mit nichtstatistischem Wissen kombinieren müssen. Die Statistik wird ihr aber doch

die wichtigsten quantitativen, dimensionalen Anhaltspunkte geben [1]).

Die Statistik liefert der Soziologie außer den Daten über die gesellschaftliche Arbeitsteilung und über die sozialen Schichten auch Information über verschiedene für die Erkenntnis der Struktur der Gesellschaft belangreiche s o z i a l e V e r b ä n d e u n d G e b i l d e. Zunächst über den Staat, das wichtigste soziale Gebilde, über sein Verfassungsleben, seine Verwaltungstätigkeit und seinen Haushalt. Dann über verschiedene zwischen Staat und Individuum eingeschobene soziale Gemeinschaften: über die Familien und die Haushaltungen, über die Vereine, die wirtschaftlichen Assoziationen, die Gemeinden und sonstigen Selbstverwaltungskörper etc. Die Deutsche Soziologische Gesellschaft plant eine systematische soziologische Analyse der zwischen dem heutigen Staat und den einzelnen Individuen bestehenden gesellschaftlichen Gemeinschaften und hat in dem bezüglichen Programme ausdrücklich betont, daß bei dieser Analyse die Statistik eine große Rolle spielen werde.

Die Soziologie wird von der Statistik selbstverständlich möglichst reichliche Aufschlüsse über die Struktur der Gesellschaft, die sozialen Schichten, Verbände und Gebilde,

---

[1]) Vgl. das Kapitel »Soziale Klassen und ihre Merkmale« in v. Z w i e d i n e c k s Sozialpolitik (1911), wo insbesondere Besitz, Berufsart und Stellung im Berufe als konstitutive Merkmale der Klassen bezeichnet werden. S c h m o l l e r hat in seinem Referate »Was verstehen wir unter dem Mittelstand? Hat er im 19. Jahrhundert zu- oder abgenommen?« (Verhandlungen des 8. evangelisch-sozialen Kongresses, 1897, S. 132 u. ff.) die Bevölkerung Deutschlands »nach Betriebsmerkmalen, Vermögen, Einkommen und sozialer Stellung« auf Grund der einschlägigen statistischen Daten in vier Gruppen (aristokratische und vermögende Gruppe, oberer Mittelstand, unterer Mittelstand, untere Klassen) eingeteilt. In ähnlicher Weise verwertete v. J u r a s c h e k in »Der Mittelstand in Österreich, seine Größe und Gliederung« (Schriften des II. intern. Mittelstandskongresses Wien 1908) für Österreich die Daten der Berufszählung, der landwirtschaftlichen und der gewerblichen Betriebszählung und die Statistik der Personaleinkommensteuer. Vgl. auch E. L e d e r e r s Statistik der Privatangestellten (Die Privatangestellten in der modernen Wirtschaftsentwicklung, 1912, III. Kapitel). Natürlich kann man die »soziale Differenzierung« und die »gesellschaftliche Arbeitsteilung« auch rein abstrakt behandeln, ohne das konkrete statistische Tatsachenmaterial heranzuziehen; vergl. z. B. die bezüglichen Schriften von S i m m e l und D u r k h e i m.

fordern müssen. Hierbei kommt insbesondere der Ausbau der Berufsstatistik, der landwirtschaftlichen und der gewerblichen Betriebsstatistik, der Grundbesitz-, der Einkommens-, der Familien- und Haushaltungs-, der Vereinsstatistik und ähnliches in Betracht. Ein soziologisch-statistisches Problem bildet beispielsweise die in der Berufsstatistik zu wählende Einteilung der Erwerbstätigen und sodann auch der Berufszugehörigen nach der »Stellung im Berufe«. In Oesterreich wurden bei der Bearbeitung der Ergebnisse der Berufszählung nach dem Stande vom 31. Dezember 1900 gleichmäßig für alle Berufsklassen 5 Schichten unterschieden: Selbstständige, Angestellte; Arbeiter, Taglöhner und Mithelfende Familienmitglieder. In Deutschland ist man schon im Jahre 1895 und noch mehr im Jahre 1907 bedeutend weiter gegangen und hat insbesondere zweckmäßigerweise für verschiedene Berufsabteilungen und -Arten verschiedene, den Berufsverhältnissen entsprechende soziale Kategorien gebildet: so (im Jahre 1907) innerhalb der eigentlichen Landwirtschaft 11, für fast die ganze Industrie und Gärtnerei, Tierzucht und Fischerei 10, für fast den ganzen Handel und Verkehr und das Gastgewerbe 7 soziale Schichten. Oesterreich wird da bei Bearbeitung seiner Zählung nach dem Stande von 31. Dezember 1910 jedenfalls von Deutschland lernen können[1]. Aber auch beim deutschen Schema ist selbstredend eine weitere Ausgestaltung erwägenswert. Eine soziologisch nicht ganz klare Gruppe bilden z. B. sowohl im deutschen als auch im österreichischen Schema die »mithelfenden Familienangehörigen« (c 1 Personen in Deutschland). Es ist — wenigstens aus den österreichischen Publikationen — nicht zu ersehen, ob das Familienhaupt, dem sie »helfen«, selbständig oder unselbständig ist, je nach diesem Umstande gehören aber auch die »mithelfenden Familienangehörigen« ihren sozialen Interessen zufolge der Klasse der Selbständigen oder jener der Unselbständigen an.

---

[1] Vgl. auch einschlägige Anregungen von Prof. Rauchberg in der Neuen Freien Presse (Wien) vom 30. August 1910, Nr. 16530.

Die deutsche Textierung (»Familienangehörige, die in der Wirtschaft, bezw. im Betriebe des Haushaltungsvorstandes tätig sind, aber« — Zusatz bei Industrie und Handel — »nicht eigentliche Gewerbs-, bezw. Handlungsgehilfen sind«), scheint allerdings nur Familienangehörige von selbständigen Wirtschafts- und Betriebsinhabern im Auge zu haben.

2. Eine zweite Gruppe soziologisch bedeutsamer statistischer Aufschlüsse betrifft die zeitliche Konstanz (Stabilität) der gesellschaftlichen Zustände und Erscheinungen. Mit diesem Probleme hat sich die Statistik seit ihren ersten Anfängen beschäftigt, hat in dieser Frage allerdings zeitweise übers Ziel geschossen. Schon die politischen Arithmetiker des 17. Jahrhunderts stellten die relativ große Konstanz gewisser Erscheinungen fest. Süssmilch konstatierte die Konstanz der Zahl der Geburten und Todesfälle und meinte, daß sich darin eine »göttliche Ordnung« offenbare. Sodann kam Quetelet, der die Konstanz der gesellschaftlichen Erscheinungen als »Naturgesetz« auffaßte und unter dessen Einfluß diese Konstanz durch längere Zeit als die statistische Gesetzmäßigkeit katexochen aufgefaßt wurde. Die moderne Statistik steht nach heftigen Kämpfen nicht mehr auf dem Standpunkt des »Queteletismus«. Die Fülle der Beobachtungen, die im Laufe der Jahre gesammelt wurden, hat gezeigt, daß die von Quetelet mehr supponierte als nachgewiesene Konstanz nicht die allgemeine Regel bildet, daß vielmehr manche Erscheinungen sehr große zeitliche Schwankungen aufweisen; es ergab sich, daß der Grad der Stabilität der einzelnen Erscheinungen ein sehr verschiedener ist, daß er selbst wieder dem Wechsel der Zeiten unterworfen ist und von Land zu Land variieren kann. Man hat ferner festgestellt, daß manche Erscheinungen in ihrem zeitlichen Verlaufe gerade mangels zeitlicher Konstanz eine bestimmte Regelmäßigkeit anderer Art zeigen; hierher gehören insbesondere jene Erscheinungen, die eine bestimmte Entwicklungstendenz, z. B. fortlaufende Zunahme oder Ab-

nahme, erkennen lassen. Die moderne Statistik hat daher die Annahme allgemeiner Stetigkeit fallen lassen, ihre Aufgabe kann nur darin bestehen, alle einzelnen statistisch erfaßbaren Erscheinungen und Tatsachen zu beobachten, den Grad ihrer Konstanz, bezw. die allfällige Entwicklungstendenz festzustellen und so — soweit die Mittel der Statistik reichen — ein **Gesamtbild der konstanten und der veränderlichen Teile des Gesellschaftskörpers**, des Umfanges und des Tempos der sozialen Evolution zu schaffen [1]).

Wichtig ist, daß die Auffassungen über die Bedeutung der relativen Konstanz gesellschaftlicher Massenerscheinungen gänzlich gewechselt haben. Während man noch um die Mitte des 19. Jahrhunderts diese Konstanz überaus merkwürdig fand, ihr wie einem mystischen, unerklärlichen Phänomen gegenüberstand, erscheint sie uns heute ganz leicht begreiflich und wir erklären sie ohne Zuhilfenahme irgendwelcher metaphysischer Vorstellungen. Die naturgesetzlich gegebene Begrenztheit des menschlichen Lebens und der menschlichen Fortpflanzungsperiode und die wahrscheinlich auch naturgesetzlich geregelte Geschlechtsproportion der Geborenen verleihen offenbar der Zusammensetzung der Bevölkerung nach Geschlecht und Alter eine relativ große Stabilität, die wieder eine relative Beständigkeit der sozialen und wirtschaftlichen Massenerscheinungen nach sich zieht. Wir führen gegenwärtig die Konstanz gewisser Erscheinungen darauf zurück, daß sich die auf diese Erscheinungen einwirkenden kausalen Faktoren, insbesondere die allgemeinen demographischen und sozialen Zustände, nicht wesentlich geändert haben. In der Konstanz erblicken wir lediglich

---

[1]) Der Grad der Konstanz wird durch Untersuchung der Abweichungen vom Durchschnitte einer längeren Periode — eventuell mittelst Wahrscheinlichkeitsrechnung — gefunden, zur Feststellung einer Entwicklungsrichtung (Evolution) müssen die vorliegenden Grössen bei Festhaltung ihrer zeitlichen Bestimmtheit untereinander verglichen werden. Vgl. über die Methoden der Messung der Stabilität zeitlicher Reihen und über evolutorische Reihen des Verf. »Die statistischen Mittelwerte« (1908), S. 347 u. f., 350—366, 373—398 und 401 u. ff.

den Beweis, daß der Gleichgewichtszustand im Bereiche der betreffenden gesellschaftlichen Erscheinungen nicht wesentlich gestört worden ist[1]). Im Falle der zeitlichen Konstanz einer Erscheinung ist auch richtigerweise nicht von einem »Gesetz« zu sprechen, da zu einem solchen — z. B. nach Wundt — das Merkmal der möglichen Rückbeziehung auf ein kausales Verhältnis gehört[2]). Daher interessieren wir uns heute mehr für jene Erscheinungen, die bestimmte Veränderungen, insbesondere eine bestimmte Entwicklungstendenz aufweisen. Da gilt es, die Ursachen dieser Veränderungen festzustellen und die Folgen derselben für den gesamten sozialen Organismus nach Möglichkeit vorauszubestimmen.

Eine Entwicklungsrichtung kann natürlich auf einzelne Länder beschränkt sein oder in verschiedenen Ländern sich verschieden gestalten — man denke an die fortschreitende Zunahme der österreichischen, ungarischen, italienischen und russischen Auswanderung im Gegensatze zur Abnahme der deutschen in den 90er Jahren und ihrer Konstanz seither. Bemerkenswert ist jedoch, daß sich zahlreiche wichtige Entwicklungstendenzen gegenwärtig ziemlich übereinstimmend in den meisten Kulturstaaten äußern: die Abnahme der Geburtenhäufigkeit und der Sterblichkeit, das Steigen der Selbstmordhäufigkeit, das Wachstum der großen Städte, die fortschreitende Industrialisierung der Bevölkerung, die Ver-

---

[1]) Die »mathematischen Statistiker« nehmen bei »normaler« Stabilität einer zeitlichen Reihe, d. h. wenn die Abweichungen sich der Wahrscheinlichkeitstheorie gemäß als bloß »zufällige« darstellen, an, daß für die betreffende Erscheinung eine konstante, bloß zufälligen Schwankungen unterworfene Wahrscheinlichkeit bestehe.

[2]) Bekanntlich haben manche »Queteletisten« in der Konstanz gewisser moralstatistischer Erscheinungen (insb. Verbrechen, Selbstmorde) ein Argument gegen die menschliche Willensfreiheit erblickt. Gegenwärtig erklärt man, wie bereits angedeutet, die Konstanz moralstatistischer Erscheinungen — wo sich eine solche zeigt — aus der Konstanz der maßgebenden gesellschaftlichen, wirtschaftlichen und geistigen Zustände und aus der daraus sich ergebenden regelmäßigen Wiederkehr der zu denselben Handlungen führenden Motive. Diese Erklärung ist unabhängig von der metaphysischen Frage des Bestandes oder Nichtbestandes der Willensfreiheit. Die Statistik ist somit nach jetzt allgemeiner Anschauung nicht geeignet, diese Frage zu lösen.

kleinerung der Familien, das Steigen der Preise, die Verbesserung der Arbeitsbedingungen der arbeitenden Klassen ausgedrückt durch steigende Löhne und kürzere Arbeitszeit, die Entwicklung der Verkehrsmittel, der Bildungsanstalten etc. Hierin liegt ein statistischer Nachweis moderner Kulturgemeinschaft. Da kann auch in einem gewissen Sinn — da es sich immerhin um eine funktionelle Beziehung zu gewissen Zeitwerten handelt — von Entwicklungsgesetzen gesprochen werden.

Die relativ große Stetigkeit zahlreicher gesellschaftlicher Massenerscheinungen ist nach dem Gesagten nicht so sehr von theoretischer als von praktischer Bedeutung. Die Konstanz gesellschaftlicher Massenerscheinungen erleichtert deren Verwaltung. Wäre der Prozentsatz der Armen oder Verbrecher nicht ziemlich konstant, so würde man immer Gefahr laufen, die Armenhäuser oder Gefängnisse bald um ein Bedeutendes erweitern zu müssen, bald dieselben leer zu finden. Würde die Zahl der schulpflichtigen Kinder von Jahr zu Jahr großen Schwankungen unterliegen, so wüßte man nicht, wie viele Schulen und wieviele Lehrer im Lande nötig sind u. s. f. Aber auch derzeit konstante Erscheinungen können natürlich infolge Veränderungen in dem sie beherrschenden Ursachenkomplex plötzlich große Schwankungen aufweisen.

Die Statistik als wissenschaftlicher Faktor hat die Wichtigkeit der Messung der zeitlichen Konstanz der Zustände und Erscheinungen vollständig erkannt. Doch bedarf es noch mannigfacher Ausgestaltung der tatsächlichen, meist amtlichen, Erhebungen. Von der Soziologie, die an dem in Rede stehenden Problem jedenfalls sehr stark interessiert ist, darf wohl erwartet werden, daß sie die von den wissenschaftlichen Statistikern an die öffentlichen Gewalten gerichteten Wünsche nach Kräften unterstützen wird. Vor allem bedarf es fortlaufender Erhebungen, wo diese durchführbar sind, und möglichst häufiger Wiederholung der an bestimmte Termine gebundenen großen Zählungen. Deutschland ist da Oesterreich in mancher Beziehung voraus: So hat Oesterreich beispielsweise nur alle 10 Jahre eine Volkszählung, mit der die Berufszählung und die Viehzählung verbunden sind, eine Aufnahme der landwirtschaftlichen und gewerblichen Betriebe hat erst einmal (1902) stattgefunden, so daß für sie zeitliche Vergleiche überhaupt nicht möglich sind; in Deutschland findet alle fünf Jahre eine Volkszählung statt, Viehzählungen im allgemeinen zweimal in jedem Dezennium, große Berufs- und Betriebszählungen wurden im Deutschen Reiche schon dreimal (1882, 1895 und 1907) durchgeführt und ermöglichen eine ziffermäßige Information über die Veränderungen in der Berufsgliederung und Betriebsorganisation Deutschlands, wobei sich einerseits wesentliche Veränderungen ergeben, andererseits aber auch Ueberschätzungen gewisser Tendenzen (Verschwinden der Kleinbetriebe!) rektifiziert werden können. Dagegen besitzt Deutschland überhaupt keine Grundbesitzstatistik, während eine solche für die meisten Länder Oesterreichs einmal — zumeist nach dem Stande vom 31. Dezember 1896 — für das Land Salzburg hingegen zweimal — 1896 und 1906 — verfaßt wurde. Diese Wiederholung ermöglichte für Salzburg die Entwicklung während des genannten Dezenniums festzustellen. Das Ergebnis war überaus interessant und von wesentlicher wirtschaftspolitischer Tragweite: Es zeigte sich, daß die Veränderungen des Bauernlandes zum kleinsten Teile auf Zersplitterung, zum größten auf Aufsaugung durch den Großgrundbesitz zurückzuführen sind, daß somit nicht Beschränkung der Freiteilbarkeit, sondern Maßnahmen gegen den für Jagdzwecke erfolgenden Ankauf der Bauerngüter durch Großgrundbesitzer not tuen [1]).

3. Eine dritte Gruppe statistischer Forschungsergebnisse von soziologischer Tragweite bilden die über die Grenzen einzelner sozialwissenschaftlicher Spezialfächer hinausgreifenden statistisch nachgewiesenen k a u s a l e n   B e z i e h u n g e n. Die Statistik ermittelt die Faktoren, welche die verschiedenen

---

[1]) Vgl. Dr. W. S c h i f f, Die Entwicklung der österreichischen Grundbesitzstatistik, Statistische Monatsschrift (Wien) 1910.

statistisch erfaßten gesellschaftlichen Erscheinungen beeinflussen und misst deren Einfluß[1]). Es hat sich gezeigt, daß auf manche Erscheinungen sehr zahlreiche kausale Faktoren einwirken, so hängt z. B. die Sterbenshäufigkeit vom Geschlecht, Alter, Familienstand, Beruf, Wohlstand, von der Ernährungsweise, der Jahreszeit etc. etc. ab. Die statistisch nachgewiesenen kausalen Beziehungen liegen vielfach innerhalb des Rahmens bloß eines bestimmten sozialen Einzelfaches — so der Einfluß von Geschlecht, Alter und Familienstand auf die Sterblichkeit innerhalb der Demographie, der Einfluß der Produktionsmengen auf die Preise innerhalb der Nationalökonomie. Häufig jedoch gehören die Tatsachen, deren kausale Beziehungen statistisch untersucht werden, den verschiedensten Gebieten des sozialen Lebens an oder es werden soziale und natürliche Tatsachen in Beziehung gesetzt. Solche Feststellungen greifen dann über den Rahmen der sozialen Einzelwissenschaften hinaus und sind von unmittelbarem Interesse für die Soziologie.

So untersucht die Statistik beispielsweise die Beziehungen zwischen der Berufszugehörigkeit und der sozialen Stellung im Beruf oder der Wohlstandsstufe einerseits und den verschiedensten demographischen und moralstatistischen Erscheinungen andererseits: Es zeigt sich, daß der Beruf und die Stellung im Berufe sowie die Wohlstandsstufe die Lebensdauer, das Heiratsalter, die Sterbenshäufigkeit, die Geburtenhäufigkeit, kurz nahezu alle demographischen Tatsachen beeinflussen, daß aber auch die sittliche Betätigung der Angehörigen von verschiedenen Berufen und sozialen und wirtschaftlichen Schichten vielfach eine verschiedene ist, daß sie verschieden viele und verschiedenartige Delikte hervorbringen, in verschiedenem Maße zum Selbstmord inklinieren u. s. f. Die Statistik erhebt ferner, welchen Einfluß die zeitlichen Schwankungen der allgemeinen Wirtschaftslage, die Perioden des Aufschwungs und der Depression

---

[1]) Vgl. über die Methoden der statistischen Kausalitätsforschung des Verf. »Die statistischen Mittelwerte« (1908), S. 138—152 und S. 412—435.

auf die verschiedenen demographischen und sittlichen Erscheinungen ausüben. In älterer Zeit ergab sich ein auffallender Parallelismus zwischen den Bewegungen der Getreidepreise und den Schwankungen der Zahl der Geburten und Trauungen, ebenso ein Parallelismus zwischen Getreidepreisen und Diebstählen, dagegen ein Antagonismus zwischen Getreidepreisen und Körperverletzungen. Die Getreidepreise fungierten in allen diesen Fällen natürlich nur als Symptom, als Barometer der jeweiligen allgemeinen Wirtschaftslage. Als solches Symptom sind sie jedoch derzeit nicht mehr gut zu gebrauchen, weshalb auch die erwähnten Regelmäßigkeiten nicht mehr zutreffen und man jetzt vorwiegend andere Symptome, wie z. B. die Größe des Außenhandels, die Höhe der Sparkasseneinlagen, den Prozentsatz der unterstützten Armen und ähnl. heranzieht. Allerdings ist keines der verfügbaren Symptome für die gesamte Bevölkerung charakteristisch. Jedenfalls ist aber statistisch erwiesen, daß das wirtschaftliche Moment starke Wirkungen auf demographischem und moralstatistischem Gebiete hervorruft. Insbesondere das Verhältnis zwischen dem wirtschaftlichen Faktor, speziell den Unterhaltsmitteln, und der Entwicklung der Bevölkerungszahl, das Problem des sogenannten »Bevölkerungsgesetzes«, hat die Statistiker seit Malthus vielfach beschäftigt. Dieses Problem überschreitet die Grenzen sowohl des demographischen als auch des wirtschaftlichen Spezialgebietes und bildet eine Aufgabe von eminent soziologischer Tragweite.

Interessant ist, daß zeitliche Schwankungen der wirtschaftlichen Lage zum Teil einen anderen Einfluß ausüben als die wirtschaftlichen Verschiedenheiten zwischen den sozialen Klassen. Unterscheidet man beispielsweise die Bevölkerung nach Wohlstandsschichten, so findet man, daß die eheliche Fruchtbarkeit mit dem Wohlstande abnimmt, bei zeitlichen Schwankungen der Wirtschaftslage zeigt sich jedoch der entgegengesetzte Einfluß, jede Verbesserung der Wirtschaftslage steigert die Zahl der Geburten, jede Verschlechterung drückt sie herab. Dieser verschiedene Einfluß läßt sich nur sozialpsychologisch erklären. Im ersteren

Falle handelt es sich um dauernde wirtschaftliche Verschiedenheiten innerhalb der Bevölkerung, die bessere wirtschaftliche Lage wird auf sozialpsychologischem Wege zum Motiv der Einschränkung der Kinderzahl. Plötzlich auf die g e s a m t e Bevölkerung einwirkende Verbesserungen der Wirtschaftslage hingegen sind geeignet, Hemmungen auf dem Gebiete der Fortpflanzung zu beseitigen, sie ermöglichen insbesondere eine größere Zahl von Eheschließungen und führen so zu einer vermehrten Zahl von Geburten. Die Statistik ermittelt ferner, welchen Einfluß die Zugehörigkeit zu verschiedenen Religionen in demographischer, wirtschaftlicher und sittlicher Beziehung besitzt, sie stellt fest, daß das Leben in der Stadt nach den verschiedensten Richtungen andere Wirkungen auslöst als das Leben auf dem flachen Lande, sie untersucht die vielfachen Besonderheiten der verschiedenen Nationen.

Die statistische Forschung beschränkt sich aber nicht auf die Beziehungen gesellschaftlicher Tatsachen und Erscheinungen untereinander, sondern zeigt auch deren vielfache Abhängigkeit von natürlichen Voraussetzungen. So äußern beispielsweise — wie die Statistik nachweist — die Jahreszeiten einen starken Einfluß auf die meisten demographischen und moralstatistischen Erscheinungen, auf die Sterblichkeit, die Geburten und Trauungen, die Selbstmorde, Verbrechen etc.; auch viele wirtschaftliche Erscheinungen — z. B. die industrielle Aktivität[1]), die Arbeitslosigkeit, der Konsum gewisser Artikel — weisen ganz deutlich den Jahreszeiten entsprechende Perioden auf, ganz abgesehen von der gesamten an die Jahreszeiten gebundenen landwirtschaftlichen Produktion. Dabei akzentuiert sich der Einfluß der Jahreszeiten in den Jahren mit besonders starken Temperaturabweichungen: Heiße Sommer steigern z. B. die Kinder-, kalte Winter die Greisensterblichkeit. Es gibt auch

---

[1]) In Österreich ergibt die Bewegung des Mitgliederstandes der Arbeiterkrankenkassen jahraus jahrein dieselbe charakteristische, den Jahreszeiten entsprechende Kurve, deren Tiefpunkt in die ersten Monate des Jahres und deren Höhepunkt in die Monate Juli und August fällt.

Erscheinungen, welche der Statistik zufolge mit den Tageszeiten schwanken, z. B. die Geburtenhäufigkeit. Uebrigens hat man auch versucht, die großen, früher meist dezennalen Perioden des wirtschaftlichen Aufschwunges und der wirtschaftlichen Depression naturwissenschaftlich zu erklären; so hat sich z. B. der demographische Kongreß vom Jahre 1887 allen Ernstes mit der Frage des Zusammenhanges der Wirtschaftskrisen mit den mehrmals gleichzeitig aufgetretenen Sonnenflecken beschäftigt. Ein englischer Autor brachte die Schwankungen der englischen Sterbeziffer mit der Planetenbewegung in Zusammenhang. Auf manche Erscheinungen, z. B. die Sterblichkeit, scheinen auch die Höhenlage und die Bodenbeschaffenheit einen Einfluß auszuüben.

So zeigt uns die Statistik die Gesellschaft als System auf das engste verknüpfter Erscheinungen, von denen jede als kausaler Faktor eine Reihe anderer beeinflußt; sie gibt uns Belege auch für die Abhängigkeit der gesellschaftlichen von natürlichen Tatsachen. Die Statistik weist insbesondere nach, daß viele Erscheinungen, von denen man dies nicht vermuten würde, sozial beeinflußt werden, z. B. daß Verbrechen und Selbstmorde nicht bloß sittliche Phänomene sind, sondern auch von wirtschaftlichen Faktoren abhängen, sie zeigt ferner, daß wirtschaftliche Erscheinungen vielfach demographisch und sittlich bedingt sind. Die Statistik beschränkt sich aber nicht darauf, diese kausalen Beziehungen, die vielfach auch auf nichtstatistischem Wege konstatiert werden können, festzustellen, sie mißt auch — und darin liegt ihr besonderer Wert — die Stärke der verschiedenen Einflüsse und liefert hierfür ziffermäßige Maßstäbe. Alle diese Ergebnisse sind offenbar von großem explikativen Werte, überdies deuten sie aber auch neue Möglichkeiten sozialpolitischer Intervention und Fürsorge an.

Viele von den statistisch nachgewiesenen kausalen Beziehungen dürften speziell für die soziologische Theorie vom »Milieu« von Wert sein. Die Statistik zeigt, daß nach einzelnen Merkmalen (Geschlecht, Beruf etc.) abgegrenzte gesellschaftliche Gruppen sich in bestimmten Beziehungen verschieden betätigen, daß sie verschieden viele Erkrankungen, Sterbefälle, Delikte, Selbstmorde, eine verschiedene politische Betätigung usf. aufweisen. Die Zugehörigkeit zu solchen Gruppen unterwirft somit den einzelnen unter sonst gleichen Umständen verschiedenen ziffermäßig bestimmbaren Wahrscheinlichkeiten einer Erkrankung, des Sterbens, eines Deliktes, einer bestimmten Gesinnung etc.

Statistisch nachgewiesene und gemessene Kausalitätsbeziehungen können als »statistische Gesetze« bezeichnet werden und die Grundlage für (empirische) »soziologische Gesetze« bilden. Sie haben natürlich umso größere Bedeutung, je weiter ihr Geltungsgebiet ist. Besonders bedeutungsvoll ist es, wenn derselbe Zusammenhang für verschiedene Länder und verschiedene Zeiten nachgewiesen werden kann. Dies ist bei zahlreichen der oben angedeuteten Zusammenhänge der Fall. Eine vollständige Übereinstimmung — nicht bloß hinsichtlich der Art des Zusammenhanges, sondern auch hinsichtlich der Stärke der Wirkung — wird sich allerdings in der Regel nicht ergeben, da in verschiedenen Ländern und zu verschiedenen Zeiten störende Faktoren von verschiedener Intensität im Spiele sind, die in Rede stehenden statistischen Gesetze werden daher immer den Charakter der Relativität behalten.

Allerdings hat die Statistik ihre Aufgabe auf dem Gebiete der Kausalitätsforschung noch nicht voll erfüllt. Die Statistik beschränkt sich im allgemeinen darauf, bei der Besprechung jeder einzelnen Erscheinung die auf diese einwirkenden Faktoren anzuführen und deren Einfluß zu erörtern: Bei der Besprechung der Sterblichkeit werden die Faktoren angeführt, welche die Sterblichkeit beeinflussen, bei der Besprechung der Selbstmorde die auf diese Erscheinung einwirkenden Faktoren usw. Da jedoch manche Faktoren, wie z. B. Geschlecht, Alter, Beruf, Wohlstandsstufe, Jahreszeit etc. zahlreiche verschiedene Erscheinungen beeinflussen, bedarf es neben der Untersuchung der auf die einzelnen Erscheinungen einwirkenden ursächlichen Faktoren noch einer Zusammenfassung der von den einzelnen Faktoren

(Geschlecht, Alter, Beruf, etc.) nach den verschiedensten Richtungen hin ausgehenden Einwirkungen. Erst wenn auch diese Arbeit getan sein wird, werden wir ein vollständiges Bild der kausalen Verknüpfung der gesellschaftlichen Erscheinungen sowie ihrer statistisch erfaßbaren Abhängigkeit von natürlichen Tatsachen besitzen, in dem auch die so häufigen W e c h s e l w i r k u n g e n entsprechend zu Tage treten werden. Dieses Gesamtbild der kausalen Verknüpfung der gesellschaftlichen Tatsachen untereinander und mit natürlichen könnte einen der wichtigsten Bestandteile des derzeit noch nicht bestehenden allgemeinen Teiles der materiellen Statistik bilden, dessen Schaffung die Benützung der statistischen Ergebnisse durch die Soziologie jedenfalls wesentlich erleichtern würde.

Die Soziologie hat besonderes Interesse an der Ausgestaltung jener statistischen Forschungen, die den E i n f l u ß d e r Z u g e h ö r i g k e i t z u v e r s c h i e d e n e n s o z i a l e n K l a s s e n ermitteln sollen. Die Statistik kann auf diesem Gebiete nach zwei Methoden, die sich aber keineswegs ausschließen, vielmehr gegenseitig ergänzen sollen, fortschreiten. Die eine Methode besteht darin, b e s o n d e r s die Lage der einzelnen sozialen Klassen (in demographischer, wirtschaftlicher, sittlicher Beziehung etc.) zu untersuchen, die andere geht dahin, bei allgemeinen Erhebungen die Klassenunterschiede tunlichst zu berücksichtigen. In erster Richtung kommt der Ausbau der Arbeiterstatistik in Betracht, aber auch die statistische Erfassung der Verhältnisse in den übrigen sozialen Klassen, im Bauernstande, im gewerblichen Mittelstande, im Beamtenstande usf. Was die Berücksichtigung der Klassenunterschiede bei den allgemeinen Erhebungen anbelangt, so wäre namentlich eine möglichst weitgehende berufliche Differenzierung mit Berücksichtigung auch der Stellung im Berufe, wenn möglich auch mit Gruppierung nach der Wohlstandsstufe, anzustreben. Auf manchen Gebieten wird ja in einem gewissen Ausmaße bereits in diesem Sinne vorgegangen, und die wissenschaftliche Statistik strebt zweifellos nach einer derartigen Ausgestaltung;

doch liegen große Schwierigkeiten, insbesondere auch solche finanzieller Natur vor, bei deren Bekämpfung die Unterstützung der Soziologie der Statistik nützlich sein könnte. Wie ganz anders stünde die gesellschaftswissenschaftliche Erkenntnis, wenn statistisch klargelegt wäre, wie sich die verschiedenen demographischen Erscheinungen (Sterblichkeit und Lebensdauer, Geburtenhäufigkeit, Heiratsalter, Erkrankungen etc.), dann die moralstatistischen Phänomene (Verbrechen, Selbstmorde, uneheliche Geburten etc.) in den verschiedenen Berufs- und Wohlstandsklassen gestalten, welchen Einfluß somit die Berufs- und Klassenzugehörigkeit hat, wenn ferner auch bei den verschiedenen wirtschaftsstatistischen Daten immer eine entsprechende soziale Differenzierung vorgenommen würde (z. B. Einkommensverteilung und Konsumtion nach Berufsgruppen und sozialen Schichten [1]), berufliche und soziale Charakterisierung der Sparkasseneinleger, der Hypothekargläubiger — letzteres z. B. im Hinblick auf die Frage der Zinsknechtschaft« des Bauernstandes — u. ähnl.).

4. Schließlich sei als ein Gebiet, auf dem Soziologie und Statistik bereits gegenwärtig besonders innig zusammenarbeiten, die Rassenbiologie und Rassenhygiene[2]) angeführt. Gegenstand der Rassenbiologie ist die Erforschung der organischen Entwicklung des Menschen, die in ihrer Abhängigkeit von den gesellschaftlichen Verhältnissen, in denen der Mensch lebt, studiert werden muß. Die Rassenbiologie bildet daher ein naturwissenschaftlich-soziologisches Grenzgebiet. »Rasse« bedeutet hier nicht bestimmte Abstammungsgruppen der Menschheit (Systemrasse, Varietät)

---

[1]) Auf dem Gebiete der Einkommensstatistik hat Österreich eine soziologisch beachtenswerte Leistung aufzuweisen: Die Einkommensverteilung wurde dort bereits zweimal — für die Jahre 1898 und 1903 — mit Unterscheidung des Berufes der Einkommensteuerträger und ihrer Stellung im Berufe aufgearbeitet und veröffentlicht.

[2]) In den folgenden Bemerkungen hält sich der Verfasser namentlich an die Hauptergebnisse seiner ausführlicheren Abhandlung »Statistik und Rassenbiologie einschließlich Rassenhygiene«, Statistische Monatsschrift (Wien), 1912, auf welche insbesondere auch bezüglich Literaturangaben verwiesen wird.

— mit diesen beschäftigt sich die Anthropologie — sondern nach P l o e t z die »Erhaltungs- und Entwicklungseinheit des Lebens« (Vitalrasse), nach S c h a l l m a y e r einen »Inbegriff von Erbanlagen«, namentlich ist unter Rasse die R a s s e t ü c h t i g k e i t zu verstehen. Die Rassenbiologie wird zur Rassenhygiene (Eugenik), wenn speziell die der Rasse drohenden Gefahren und die zur Erhaltung und Verbesserung der Rasse in Betracht kommenden Maßnahmen ins Auge gefaßt werden[1]).

Daß die Statistik auf dem Gebiete der Rassenbiologie und Rassenhygiene eine so große Rolle spielt, hat zwei Gründe. Vor allem kommt in Betracht, daß die biologischen Prinzipien (Variabilität, Vererbung, Auslese etc.)., was ihre empirische Seite anlangt, zum großen Teile selbst den Charakter von statistischen Phänomenen besitzen und daher allgemein, auch wenn es sich um botanisches oder zoologisches Untersuchungsmaterial handelt, auf statistischem Wege erforscht werden. Bei der speziellen Biologie des Menschen kommen aber hierzu noch zahlreiche besondere, durch die kulturellen Lebensbedingungen des Menschen gegebene statistische Daten.

---

[1]) Die Rassenbiologie und Rassenhygiene sind u. E. als eine Disziplin mit dem primär naturwissenschaftlichen, aber sozialen Einflüssen unterworfenen Forschungsobjekt »Rasse« prinzipiell von solchen Untersuchungen zu unterscheiden, die rein sozialwissenschaftliche Probleme durch Bezugnahme auf biologische Tatsachen oder durch analoge Verwendung biologischer Gesichtspunkte zu lösen versuchen. Wenn beispielsweise die soziale Tragweite der biologischen Ungleichheit der Menschen erörtert oder die Entwicklung der sozialen Klassen als Auslese- oder Anpassungsprozeß aufgefaßt wird, wenn von einem Kampf ums Dasein zwischen verschiedenen Formen von Recht und Sitte, zwischen verschiedenen Ideenrichtungen usw. gesprochen wird, so liegt keinerlei Rassenbiologie sondern Sozialwissenschaft auf biologischer Grundlage oder nach biologischer Methode vor. Im »Jenenser Preisausschreiben« waren die beiden Forschungsrichtungen nicht genügend auseinandergehalten, ebenso behandelt eine umfangreiche als »naturwissenschaftliche Gesellschaftslehre«, »Sozialbiologie«, »Sozialdarwinismus« u. ähnl., sich bezeichnende Literatur — einschließlich des Archivs für Rassen- und Gesellschaftsbiologie und Rassen- und Gesellschaftshygiene — vielfach gleichzeitig Probleme beiderlei Art. Symptomatisch für die von uns angedeutete Differenzierung ist jedoch beispielsweise die 2. Auflage von Schallmayers »Vererbung und Auslese«, die sich im Gegensatz zur 1. Auflage ausschließlich auf das rassenbiologische und rassenhygienische Gebiet beschränkt.

Allerdings sind aber mit der rassenbiologischen und rassenhygienischen Statistik auch mannigfache große Schwierigkeiten verbunden. Die Dinge, auf welche es ankommt, sind vielfach statistisch nicht unmittelbar faßbar, so z. B. geistige und sittliche Qualitäten. Hierzu kommt die das ganze Gebiet durchziehende Schwierigkeit der Unterscheidung der Erbanlagen, um die es sich ausschließlich handelt, von den individuell durch Einwirkungen des Milieus erworbenen Eigenschaften. Zur richtigen statistischen Feststellung rassenbiologischer und rassenhygienischer Tatsachen sind auch vielfach medizinische Fachkenntnisse erforderlich, während bei den gewöhnlichen statistischen Erhebungen meist Laien ohne höhere und ohne Spezialbildung Verwendung finden können.

Daß auch für den Menschen das biologische Prinzip der Variabilität gilt, beweist schon die alltägliche Erfahrung, wonach kein Mensch dem anderen völlig gleicht. Von statistischen Daten hierüber sind die verschiedenen anthropometrischen Statistiken zu nennen, ferner die statistischen Daten über die Lebensdauer der Menschen, die verschiedene Kinderzahl der einzelnen Frauen u. ähnl. Die Variation der psychischen Anlagen steht ebenfalls außer Zweifel, wenn sie sich auch exakter Messung entzieht.

Man hat frühzeitig versucht, zu statistischen Variationsgesetzen zu gelangen. Quetelet glaubte, daß Variationen allgemein dem symmetrischen Fehlergesetz (Gesetz zufälliger Abweichungen) entsprechen. Diese Annahme hat sich jedoch nicht bewahrheitet. Vielfach herrscht vielmehr eine unsymmetrische Verteilung der einzelnen Fälle um den Mittelwert (so z. B. meist bei Messungen des Körpergewichtes), manchmal zeigt sich gar keine Anhäufungsstelle oder es liegen umgekehrt mehrere solche vor (z. B. bei Messungen der Körperlänge einer aus zwei Rassen mit verschiedenem Größentypus gemischten Bevölkerung), manchmal wieder ist gerade ein extremer Wert der häufigste. Es kann daher nicht von einem Variationsgesetz gesprochen werden, sondern es sind verschiedene Typen zu unterscheiden und nur empirisch, d. h. hier statistisch, läßt sich mit Sicherheit ermitteln, welchem Typus die Variation eines bestimmten Merkmales entspricht. Wenn die Variation eines Merkmales von der Variation eines anderen in der Weise abhängig ist, daß den Veränderungen des einen Merkmales im großen und ganzen bestimmte Veränderungen des anderen entsprechen, so liegt Korrelation vor. Somatische Merkmale, z. B. die Dimensionen verschiedener Körperteile, sind, wie statistisch nachgewiesen werden konnte, häufig korrelationiert. Dagegen ist es sehr umstritten, ob die körperlichen und die psychischen Anlagen des Menschen, innerhalb letzterer wieder die intellektuellen und die moralischen, parallel variieren oder nicht. Ist dies der Fall, so werden im großen und ganzen dieselben Individuen in allen Belangen »tüchtig« oder »minderwertig« sein und allseitige Tüchtigkeit bildet jedenfalls das rassenhygienische »Züchtungsziel«. Variieren die verschiedenen Arten von Anlagen jedoch unabhängig von einander oder vielleicht sogar antagonistisch, so werden sehr zahlreiche Individuen in einer Beziehung tüchtig und gleichzeitig in einer anderen unzulänglich, daher rassenhygienisch schwer zu bewerten sein und allseitige Tüchtigkeit wird man viel schwerer, vielleicht gar nicht erreichen können. In der Tat wird die Korrelation zwischen körperlicher und geistiger Tüchtigkeit von manchen Autoren, insbesondere von Tönnies, in Zweifel gezogen — gerade besonders begabte Männer seien häufig von schwächlicher Konstitution —, die führenden Rassenhygieniker, namentlich Galton und Ploetz, sind hingegen der Ansicht, daß diese Korrelation bestehe und verweisen z. B. auf gewisse Erhebungen in Schulen, wonach die körperlich besser entwickelten Kinder auch bessere Schulerfolge aufzuweisen hatten, auf zahlreiche hervorragende Männer, die ein besonders hohes Alter erreicht haben, was immerhin auf eine überdurchschnittliche gesundheitliche Ausstattung dieser Männer hindeute und ähnl.

Über die Vererbung beim Menschen liegt bereits reiches statistisches Material vor. Die Vererbung gewisser körperlicher Eigenschaften (Gestalt, Augenfarbe usf.), namentlich aber auch zahlreicher krankhafter Anlagen (Geisteskrankheit, Epilepsie, Taubstummheit, Bluterkrankheit etc.) steht fest, die Vererbung der Intelligenz und gewisser spezifischer Begabungen versucht man wenigstens indirekt, z. B. durch Vergleich der Schulerfolge der Väter und ihrer Söhne, durch Feststellung der Häufigkeit berühmter Männer in einer und derselben Familie, durch Stammbäume von Musiker-, Maler-, Mathematiker-Familien etc. zu erfassen. Auf statistischer Basis beruht auch das Galtonsche »Rückschlagsgesetz«, wonach beim Menschen die Nachkommen die elterliche Abweichung vom Typus zu zwei Dritteln erben. Ein Spezialproblem bildet beispielsweise die Frage, ob und inwieweit die Mendelschen Vererbungsregeln auch für den Menschen gelten.

Die Erscheinungen, die in der allgemeinen Biologie unter »Auslese« (Selektion, natürliche Zuchtwahl) verstanden werden, zerfallen beim Menschen in zwei von einander nahezu unabhängige Gruppen von Phänomenen. Beim Menschen ist im »Kampf ums Dasein« nicht die biologische Ausstattung allein, sondern namentlich auch jene mit »Traditionswerten« (Besitz, Kenntnisse etc.) ausschlaggebend und es sind nicht die am besten angepaßten, »tüchtigsten« Individuen, die auch am meisten zur Erzeugung der nächsten Generation beitragen. Es muß daher zwischen »sozialer Auslese« — dem gesellschaftlichen Prozesse der Einreihung der einzelnen Individuen in die verschiedenen sozialen Gruppen und insbesondere des Aufsteigens aus tieferen in höhere soziale Schichten — und »Fortpflanzungsauslese« unterschieden werden. Nur um letztere handelt es sich bei der Rassenbiologie. Es gilt hauptsächlich zu untersuchen, in welchem Ausmaße sich biologisch verschieden qualifizierte Bevölkerungsbestandteile fortpflanzen und so auf die Beschaffenheit der kommenden Generation Einfluß nehmen. Daraus ergibt sich eine Fülle statistisch zu behandelnder Fragen: Neben der allgemeinen Gestaltung der Bevölkungsbewegung sind die Fortpflanzungsrate und die biologischen Qualitäten der verschiedenen Bevölkerungsbestandteile — der städtischen und der ländlichen Bevölkerung, der verschiedenen sozialen Klassen, der einzelnen Wohlstands- und Bildungsschichten — zu ermitteln, wobei als Rassetüchtigkeitsmaßstäbe die Militärtauglichkeit, die Krankheitshäufigkeit, die Stillfähigkeit der Frauen und ähnl. dienen, es ist festzustellen, in welchem Ausmaße sich Verbrecher, Geisteskranke, Schwachsinnige, Taubstumme und mit anderen Gebrechen behaftete Personen fortpflanzen, es ist das Aussterben von städtischen, von besonders begabten Familien zu untersuchen; auch sind die Einwirkungen gewisser spezieller Momente auf die Qualität des Nachwuchses zu prüfen: der Einfluß des Alters der Eltern, etwaiger Blutsverwandtschaft zwischen denselben, der Einfluß des Kinderreichtums der Familien, des Geburtenintervalles, der Ordnungsnummer der Geburt [1]).

Ueber die »Geschlechtliche Zuchtwahl« liefert die Statistik der Eheschließungen gewisse Aufschlüsse, indem sie — nach v. Mayr — die »Anziehungs- und Abstoßungsverhältnisse der Altersklassen« untersucht. Sie kann ferner die Heiratenden nach sozialen und beruflichen Merkmalen, nach der Nationalität und Stammeszugehörigkeit, nach ihrem Wohn- und Geburtsort, nach ihrer Bildungsstufe und noch anderen ähnlichen Merkmalen charakterisieren, um auch da bestimmte »Anziehungs- und Abstoßungsverhältnisse« aufzudecken.

---

[1]) Auch bei der Erfassung der hier nicht weiter in Betracht kommenden »sozialen Auslese« und dem damit zusammenhängenden Problem der »Kapillarität der Gesellschaft« spielt die Statistik eine Rolle. Man versucht die Provenienz und die Rekrutierung der Angehörigen verschiedener sozialer Gruppen (z. B. der öffentlichen Beamten, der Mitglieder der gesetzgebenden Körperschaften, der Studenten etc.) und die Austauschbeziehungen zwischen verschiedenen sozialen Schichten und Gruppen statistisch zu ermitteln; vgl. z. B. die Erhebungen des Vereins für Sozialpolitik über die Auslese der Arbeiterschaft der Großindustrie und die geplanten Untersuchungen der deutschen Soziologischen Gesellschaft über die Auslese der führenden Schichten. Erwähnt sei in diesem Zusammenhang, daß in Österreich bei der Volks- und Berufszählung vom Jahre 1910 — allerdings hauptsächlich im Hinblick auf praktische Fragen der Organisation der »Sozialversicherung« — der Versuch gemacht wurde, auch den Berufswechsel wenigstens teilweise statistisch zu erfassen: es wurde außer nach dem Berufe und der Stellung im Berufe zur Zeit der Zählung auch nach dem drei Jahre vorher ausgeübten Berufe und der damaligen Stellung im Berufe gefragt.

Die Hauptaufgabe der Statistik speziell auf dem Gebiete der Rassenhygiene bildet die Feststellung allfälliger Entartung und deren Messung. Als Rassetüchtigkeitsmaßstäbe kommen, wie bereits teilweise erwähnt, namentlich in Betracht: die Sterblichkeit und die Lebensdauer, die Häufigkeit von Gebrechen (Geisteskrankheiten etc.), die Krankheitshäufigkeit, die Häufigkeit der Erwerbsunfähigkeit, die Stillfähigkeit der Frauen und vor allem die Militärtauglichkeit. Statistisch ist die Frage, ob und in welchem Maße eine Entartung stattfindet, noch nicht gelöst, insbesondere mangels entsprechender statistischer Erhebungen; doch scheinen mehrfache bedenkliche Anzeichen vorzuliegen. »Wir sind« nach Prof. Gruber[1]) — »noch sehr weit von einer wirklich ausreichenden Kenntnis der gesundheitlichen Konstitution der Völker entfernt, obwohl diese Kenntnis wichtiger wäre, als alle anderen. Die Forderung der Organisation systematischer Erhebungen darüber ist die nächste, welche die Rassenhygiene an die Staatsverwaltung zu stellen hat«.

Man ist daher bestrebt, wenigstens die einzelnen Faktoren der Entartung sowie auch die der »Rasse« günstigen Tatsachen speziell zu erfassen. Hierher gehören namentlich die Untersuchungen über die Schädigungen der Erbsubstanz (Keimvergiftungen) durch Alkoholismus, Geschlechtskrankheiten, Tuberkulose, gewerbliche Gifte etc., ferner die bereits erwähnten Untersuchungen darüber, ob tatsächlich die biologisch minderwertigen Bevölkerungsbestandteile sich stärker vermehren als die höherwertigen, und inwieweit insbesondere die humanitären, sozialhygienischen und sozialpolitischen Einrichtungen die Tendenz haben, schwächlich veranlagte Konstitutionen, bezw. geistig oder sittlich tiefstehende Individuen zu erhalten und ihre Fortpflanzung zu erleichtern. Alle diese Fragen haben auch zu zahlreichen literarischen Kontroversen geführt. So ist beispielsweise

---

[1]) Fortpflanzung, Vererbung, Rassenhygiene, erklärender Text zum Katalog der Gruppe Rassenhygiene der Internationalen Hygiene-Ausstellung 1911 in Dresden, S. 91.

stark umstritten die von manchen Autoren behauptete »selektive« Wirkung der Infektionskrankheiten und der Kindersterblichkeit, wonach durch diese Erscheinungen eine rassenhygienisch günstige »Reinigung des Nachwuchses« durch Ausjätung Minderwertiger« erfolge. Auch die positiven Vorschläge der Rassenhygieniker — Bekämpfung der Keimvergiftungen, sowie Maßnahmen zur Hintanhaltung der Fortpflanzung von biologisch minderwertigen Personen (Schwachsinnigen, Geschlechtskranken, Gewohnheitstrinkern, psychopathisch Belasteten etc.) und zur Begünstigung der Fortpflanzung überdurchschnittlich veranlagter Personen — werden zum großen Teile mit Heranziehung statistischer Argumente diskutiert. So versucht man beispielsweise auf statistischem Wege zu einem Urteile darüber zu gelangen, ob rassenhygienische Eheverbote nicht vielleicht eine Vermehrung der unehelichen Geburten zur Folge hätten, indem sie die Kindererzeugung durch Minderwertige nicht verhindern, sondern bloß vom legitimen auf den illegitimen Weg hindrängen würden.

Aus den vorstehenden Ausführungen dürfte zur Genüge hervorgegangen sein, daß die Statistik auch bei ganz selbständigem Vorgehen, ihren Forschungszielen zufolge, zu Ergebnissen gelangt, welche für die Soziologie von unleugbarem großen Werte sind, daß ferner ein gewisses Zusammenarbeiten sich immerhin schon, namentlich in letzter Zeit herausgebildet hat und daß ein möglichst inniger Kontakt zweifellos im beiderseitigen Interesse gelegen ist. An eine völlige Vereinigung der beiden Disziplinen ist allerdings nicht zu denken. Die Soziologie kann sich selbstredend nicht auf ausschließlich statistische Grundlage stellen. Anderseits kann auch die Statistik nicht in der Soziologie aufgehen, sie hat vielmehr ihre eigene Aufgabe: die systematische, zahlenmäßige Erfassung aller gesellschaftlichen Erscheinungen, wobei sie nicht bloß auf die Wünsche der

Soziologie, sondern auch auf jene aller sozialen Spezialwissenschaften, namentlich aber — was die amtliche Statistik anlangt — auf die Bedürfnisse der öffentlichen Verwaltung, ferner auch manchmal auf praktische Bedürfnisse (Information der Geschäftswelt und ähnl.) Bedacht nehmen muß. Auch wird der technische, eine besondere fachliche Ausbildung erfordernde Charakter der statistischen Methodik wohl immer eine gewisse Arbeitsteilung mit besonderen, vorwiegend statistisch tätigen Arbeitskräften mit sich bringen.

Darin ist aber gewiß kein Hindernis reger wissenschaftlicher Beziehungen zu erblicken. Diese werden sich natürlich hauptsächlich auf dem Gebiete empirischer, induktiver Forschung entwickeln können. Dieser Forschungsrichtung, bei der die Statistik unentbehrlich ist, scheint aber vor allem die Zukunft — wenigstens in nächster Zeit — zu gehören. Die meist aprioristischen, auf Intuition, Analogien oder doch bloß ungenügenden, einseitigen Erfahrungen beruhenden »großen« Theorien befriedigen nicht den kritischen Sinn unserer Zeit. Dies gilt namentlich für die Soziologie, aber auch für die Statistik, der Quetelets großzügige, aber nicht genügend fundierte Konzeptionen ein heroisches Zeitalter von nur kurzer Dauer schaffen konnten. Es gilt jetzt daher, die sozialwissenschaftliche Erkenntnis vor allem durch empirisch-induktive Forschung zu fördern, um so allmählig zu einem Gesamtbild der gesellschaftlichen Erscheinungen und der sie beherrschenden Gesetze zu gelangen. Hierbei wird der Erfolg ein umso größerer sein, je mehr sich Soziologie und Statistik gegenseitig unterstützen.

Printed by Libri Plureos GmbH
in Hamburg, Germany